Münzverbrechen und ihre Bekämpfung

von

Ubald Tartaruga
Regierungsrat, Oberpolizeirat a. D.
der Bundespolizeidirektion in Wien.

1926

München, Berlin, Leipzig
J. Schweitzer Verlag (Arthur Sellier)

Druck von Dr. F. P. Datterer & Cie., Freising-München

Inhalts-Übersicht.

Münzverbrechen und ihre Bekämpfung.

A. Begriffliches und gesetzmäßige Herstellung von Münzen und Papiergeld.

Münzverbrecher nennt man diejenigen Individuen, welche betrügerischerweise das in den Geldverkehr und in die Münzhoheit des Staates gesetzte öffentliche Vertrauen beeinträchtigen. Münzdelikte können sowohl Metall- als auch Papiergeld zum Gegenstande haben.

I. Geldverkehr und Münzhoheit.

Jede menschliche Gemeinschaft, und wäre sie noch so klein, ist auf gegenseitigen Güteraustausch angewiesen. Da man aber nicht immer überflüssige eigene Güter hat, um dieselben gegen die im fremden Besitze befindlichen auszutauschen, da sich ferner die vorhandenen Güter nicht immer entsprechend teilen lassen, so wurden durch Sitte und Gewohnheit schon in den frühesten Zeiten die jeweilig umlauffähigsten Güter als allgemeines Tausch- und Zahlungsmittel anerkannt. Bei minder entwickeltem Verkehre erlangten auf diese Weise z. B. Perlen, Tierzähne und andere dem Putze dienende Gegenstände den Charakter von Schmuckgeld; Getreide, Früchte, Vieh, Sklaven u. dgl. den von Naturalgeld; Stoffe, die zum Schmucke oder zur Bekleidung dienen, den von Kleidergeld. Bei fortschreitender Kultur wurden diese Geldarten durch Metalle verdrängt, die entweder durch ihren Nutzwert (Eisen, Kupfer, Bronze) oder durch ihre Seltenheit und Haltbarkeit (Gold, Silber usw.) die allgemeinste Anerkennung errangen. Im Anfange wurden die Metallbarren bei jedem einzelnen Geschäfte abgewogen, dann begann man sie im ganzen oder einzelne Teile von ihnen nach Wert und Gewicht zu stempeln, was den Verkehr erleichterte, soferne der Urheber des Stempels das nötige Vertrauen besaß. Letzten Endes erhob man sie zum gesetzlichen Zahlungsmittel, wodurch das betreffende Metallgeld dann gesetzliche Währung erlangte, das heißt zum Währungsgeld wurde.

Münzen nennt man schlechtweg alle mit Inschriften, Verzierungen oder Bildern versehenen, gegossenen oder geprägten, der Erinnerung oder dem Verkehre dienenden Metallplättchen. Als Geld kommen aber nur jene in Betracht, welche dem Münzfuße unterworfen und für den Umlauf zugelassen sind. Das ausschließliche Recht, Geldmünzen zu bestimmen und herstellen zu lassen, nennt man Münzregal oder Münzhoheit. Heute besitzt dasselbe nur der Staat. Ob er die Münzen selbst fabriziert oder in ausländischen Prägeanstalten erzeugen läßt, ist unwesentlich. Das Münzregal galt seinerzeit als Einnahmequelle des Landesfürsten und konnte von diesem auch anderen Personen entgeltlich oder unentgeltlich überlassen werden. Heute unterliegt das Münzwesen überall der Beaufsichtigung und Gesetzgebung des Staates.

Unter Papiergeld versteht man im allgemeinen alle Kreditpapiere, welche im Verkehre wie Geld zirkulieren, gegeben und angenommen werden. Sie entsprangen dem Bedürfnisse, das bei entwickelterem Verkehre zu schwerfällige, kostspielige und nicht in genügender Menge vorhandene Metallgeld zu ersetzen.

II. Über Münzen.

Man unterscheidet Kurant- und Scheidemünzen. Die ersteren entsprechen dem leitenden Münzfuße eines Staates, das heißt, dem gesetzlich bestimmten Verhältnisse zwischen dem Nennwerte der Geldrechnungseinheit desselben (Krone, Gulden, Mark,

Frank, Schilling usw.) und der Gewichtseinheit des Edelmetalls in seinen Hauptmünzen (die übrigens die Rechnungseinheit nicht immer vertreten müssen). Sie müssen bei Zahlungen in unbeschränkter Menge angenommen werden. Die letzteren sind die kleinen, aus minderwertigem Materiale (Scheidemünzfuß) hergestellten Sorten, denen gegenüber eine der Menge nach beschränkte Annahmepflicht besteht. Das ganze Gewicht oder „Rauhgewicht" einer Münze heißt Schrot, das Gewicht des darin enthaltenen reinen Goldes oder Silbers „Feingewicht", Korn. Das Verhältnis zwischen Feingewicht und Schrot heißt Feingehalt. Da es praktisch unmöglich ist, den gesetzlichen Vorschriften bei jeder einzelnen Münze haarscharf zu genügen, so ist allerorten für Schrot und Korn eine kleine Abweichung (Remedium, Toleranz) gestattet. Schlag- oder Prägeschatz nennt man die Gebühr, welche der Staat von Privaten einhebt, die sich aus dem vorgeschriebenen Edelmetall Münzen prägen lassen.

In sämtlichen zivilisierten Ländern bestehen die Geldmünzen aus mit Kupfer legiertem Gold oder Silber, aus reinem Kupfer oder aus Bronze, nämlich aus einer Legierung von Kupfer und Zinn oder Zinn und Zink oder aus Nickel.

Die Münzanstalten sind dort, wo sie bestehen (mit einer einzigen Ausnahme, nämlich der von Birmingham, welche für Kolonien und fremde Länder Wertzeichen aus Metall prägt) staatliche Unternehmungen von großem Umfange und mit den neuesten technischen Vorrichtungen und Behelfen ausgestattet. Sie haben im Auftrage ihrer Regierung, oder mit Erlaubnis dieser, für fremde Regierungen oder Banken Münzen, Stempel, Medaillen und andere einschlägige Fabrikate herzustellen. Die Wiener Münzanstalt führte früher den Titel „K. k. Hauptmünzamt" und genießt auch heute noch einen Weltruf. Berühmt sind von ihren Erzeugnissen insbesondere die Mariatheresien-Taler (Levantiner Taler), die sie als Fabrikat auf Bestellung gegen einen Schlagsatz von $1\frac{1}{2}\%$ in der alten Gestalt mit dem Bildnisse der Kaiserin Maria Theresia und der Jahreszahl 1780 verfertigt. Diese Taler werden noch heute im Sudan, in Ostafrika und Arabien trotz aller gegenteiligen Bemühungen als ausschließliches Zahlungsmittel von den Eingeborenen verlangt und vielfach auch als Schmuck, Talisman, Fetisch und Amulett getragen und verehrt. Umsonst bemüht sich die Genfer Münzanstalt, dem Wiener Münzamte hierin Konkurrenz zu machen.

Den übrigen, privaten Prägeanstalten ist bloß die Verfertigung von Denkmünzen, die Silberscheidung und die Prüfung von Edelmetallgemischen freigegeben.

Der Entwurf und die Herstellung des Urstempels, von welchem man die übrigen Prägestempel erhält, ist ersten Künstlern anvertraut. Aber auch die Massenerzeugung der Münzen erfordert einen ungeheuren Apparat und erstklassige Facharbeiter.

Das Münzmetall gelangt in Barren, alten Münzen oder sonstigen metallhaltigen Gegenständen in die Münzwerkstätten, wo man es zunächst der Gießerei zuführt. Im Tiegelofen werden die Objekte geschmolzen und die Masse durch Zusatz der fehlenden vorgeschriebenen Metalle auf den Legierungsgehalt gebracht. Die Flüssigkeit wird in stabartige flache Formen gegossen, deren Breite dem Durchmesser der aus ihnen herzustellenden Münzen oder einem Vielfachen desselben ungefähr entspricht. Diese Stäbe nennt man Zaine. Um dieselben auf die vorgeschriebene Dicke der Münzplatten zu bringen, werden sie in das Streck- oder Vorwalzwerk gebracht, von wo sie nach Ausglühung (um die durch das Walzen erzeugte Härte und Sprödigkeit zu beheben) unter die Kreisscheren gebracht werden. Dort gewinnt man durch das Stückeln oder Ausstückeln die runden Münzplatten. Dies geschieht mittels eigener Maschinen, welche pro Mann eine Stundenarbeitsleistung von 1000—1500 Platten ermöglichen. Die ausgestückelten Zaine, welche man Schroten nennt, kehren wieder in die Gießerei zurück. Ungeachtet der größten Sorgfalt ist beim Walzen und

Ausstückeln kein gleiches Plattengewicht zu erzielen. Deshalb müssen die Platten nach der Stückelung ins Schlicht- oder Justierwalzwerk, wo sie einzeln abgewogen werden. Nur die normalen kommen in die Präge, während die zu leichten in die Schmelze zurückwandern, die zu schweren zu den Schabevorrichtungen. Mittels Handschabern oder Schabemaschinen werden sie dann auf das richtige Gewicht gebracht. Zum Abwägen dient eine besonders eingerichtete Justierwage.

Jetzt folgt die Arbeit der Rändelwerke. Das Rändeln, nämlich die Anbringung eines Grates am Rande der Münzen und einer Verzierung oder Schrift auf der Randfläche soll das Gepräge der Münze vor Abnutzung und die ganze Münze gegen die Machenschaften der Falschmünzer schützen, da es eine Wertverringerung durch Befeilen oder Beschneiden erschwert.

Durch diese geschilderten Manipulationen sind die Münzen mit Öl und anderen Stoffen beschmutzt worden, weshalb sie vor Abgabe in die Präge nochmals ausgeglüht werden. Auch wird das Metall dadurch weicher. Ferner beizt man ihre Oberfläche, um sie vollkommen metallrein zu machen.

Die kostspieligsten Maschinen erfordert der Prägeraum. Die Prägung erfolgt durch zwei gehärtete stählerne Prägestempel, welche die Zeichnung vertieft tragen, mittels eines auf den Oberstempel geübten wuchtigen Stoßes oder ungeheuren Druckes. In früherer Zeit erzeugte man den Stoß durch einen Hammer. Man nannte die Maschine Klippwerk. Später verwendete man Schraubenstoßwerke, während heute meist Prägemaschinen mit Kniehebel in Verwendung stehen, welche in vollster Ausnützung aller technischen Erfahrungen fast sämtliche früher nötig gewesenen Handgriffe selbsttätig ausführen. Eine derartige Maschine ist imstande, in zehn Stunden 36000 bis 42000 Münzen herauszubringen. Sie enthält unzählige sinnreiche

Nebenmechanismen, welche bei eintretenden Unordnungen die Beschädigung der Prägestempel oder anderer wichtiger Bestandteile verhüten sollen.

III. Über Kreditpapiere.

Kreditpapiere nennt man alle jene schriftlichen Urkunden, welche eine Geldschuld zum Gegenstande haben, vor allem das auf Inhaber lautende, durch einfache Übergabe übertragbare Papiergeld, dann aber auch Wechsel und überhaupt solche Papiere, welche im Verkehre von Hand zu Hand gehen und für den Börsenhandel zugelassen sind.

Über den Begriff „Öffentliche Kreditpapiere" im Sinne der Strafgesetzbuches s. unter IV.

a) Papiergeld.

Wertpapiere als Ersatzmittel der Münzen (Geldsurrogate) gab es schon in China, Karthago und Ägypten vor langer Zeit. Zu ausgedehnterer Anwendung gelangten sie erst im 18. Jahrhundert. Der Staat gab uneinlösliche, mit Zwangskurs versehene Scheine heraus, mittels welcher man Zahlungen an die Staatskasse leisten konnte (Steuerfundation). Da fast jedermann Zahlungen an den Staat zu leisten hat, so nahm man die Scheine gern an, deren Zirkulationsfähigkeit also auf dem sogenannten Zahlungskredite beruhte. Später räumte der Staat das Recht, Papiergeld auszugeben, gewissen Banken, den sogenannten Zettelbanken, ein, manchmal auch öffentlichen Korporationen. Die Banken mußten sich verpflichten, ihre Noten jederzeit gegen Bargeld einzulösen (Barzahlungen), so daß die Banknoten auf Grund des Einlösungskredits vom Publikum angenommen wurden. Ursprünglich war eine völlige Deckung in Geld oder Edelmetall vorgeschrieben, später begnügte man sich aber mit einer teilweisen Deckung, die in den meisten Staaten gesetzlich geregelt ist und unter besonderer staatlicher Kontrolle steht. „Staatsnoten" sind eigentlich bloß jene, für welche kein Zwangskurs besteht, wie z. B. die deutschen Reichskassenscheine, so daß sie sich demnach den Banknoten nähern. Die echte Banknote sollte einlöslich sein, aber keine gesetzliche Zahlungskraft haben, sondern bloß auf dem Einlösungskredit beruhen, doch wurden im Laufe der Zeiten allerorten Noten von Privatbanken mit Annahmepflicht ausgestattet, während die Einlösungspflicht zeitweise aufgehoben war oder aufgehoben werden konnte, um zu verhindern, daß die schlechteren Staatsnoten die Banknoten aus dem Verkehre verdrängen. Man kann demnach folgende Arten von Papiergeld unterscheiden: 1. mit Einlösungspflicht, ohne Zwangskurs (deutsche Banknoten und Reichskassenscheine), 2. mit Einlösungspflicht und Zwangskurs (die vollständig gedeckten amerikanischen Schatznoten) und die teilweise mit Geld oder Edelmetall gedeckten niederländischen Noten, die englischen Banknoten und die nordamerikanischen Greenbacks, 3. ohne Einlösungspflicht mit Zwangskurs (früher in Deutschland, Österreich, Italien).

Der durch die Verausgabung unverzinslicher Noten entstehende Gewinn verleitete die zur Verausgabung berechtigten Faktoren wiederholt, mehr Papiergeld zu erzeugen, als sein Kredit vertrug, so daß der Kurs des Papiers unter Pari sank. Da die Noten aber andererseits mit Zwangskurs ausgestattet waren, so sprach man von einer Papierwährung, welche sich, namentlich im Verkehre mit dem Auslande, durch die geringere Kaufkraft des Geldes in der Weise unangenehm fühlbar machte, daß die ausländischen Warenpreise scheinbar stiegen (Inflationsperioden).

Im Hinblicke auf das Recht gewisser Banken, Papiergeld zu verausgaben, spricht man von einem Banknotenregal, welches aus dem Münzregal des Staates abgeleitet ist. Dagegen, daß der Staat das Notenmonopol ausübe, machten sich frühzeitig Bedenken geltend, die hauptsächlich darauf beruhten, daß eine Staatsanstalt zu sehr der öffentlichen Kritik unterläge, während ihr Besitzstand im Kriegsfalle dem Zugriffe des siegreichen Feindes ausgesetzt wäre usw.

Man neigte sich daher überall dem Systeme einer monopolisierten Privatnotenbank zu, welche durch die Größe ihres Privatkapitals, ihren soliden Ruf und die garantierte Staatsaufsicht ein allgemeineres Vertrauen zu erzielen imstande sei. In Österreich wurde zu diesem Behufe die Privilegierte österreichische Nationalbank geschaffen, aus welcher die spätere Österreichisch-ungarische Bank hervorging. Ihre obersten Leiter — der „Gouverneur" und „Vizegouverneur" — wurden, wie in Frankreich, von der Regierung ernannt. Heute führt die Bank wieder den Titel „Nationalbank". In Deutschland ist die Reichsbank dem Reichskanzler unterstellt. Nur in England hat der Staat auf die große privilegierte Notenbank, die „Bank von England", keinen Einfluß.

Der Staat sorgt dafür, daß die Stückelung der Noten nicht zu mannigfaltig sei, daß dieselben nicht auf zu kleine Beträge und bloß auf runde Summen lauten. Ferner nimmt er Einfluß auf die Notenmenge, was man Kontingentierung heißt; endlich auf die Deckung. Ein bestimmter Bruchteil der in Noten verausgabten Summen muß in Bargeld (Münzen oder Barren) vorrätig gehalten werden.

Um einen Bankbruch in unruhigen Zeiten zu verhindern, dient das Recht der Banksperre oder Bankrestriktion, das heißt, der Staat kann zeitweilig die Einlösungspflicht der Noten- oder Zettelbank aufheben.

b) Herstellung der Staats- und Banknoten.

Auf die Erzeugung von Kreditpapieren verwendete man seit jeher große Sorgfalt, nicht bloß, um sie der äußeren Form nach gefällig und dem Ansehen des Herausgebers entsprechend zu gestalten, sondern auch, um sie vor Nachahmung zu schützen. Dies gilt insbesondere für das Papiergeld. Man brachte immer die jeweilig fortgeschrittensten technischen Methoden zur Anwendung. Anfänglich finden wir fast überall den einfärbigen Druck, Schwarz-Weißdruck, wobei die mit der Ausführung des Originals betrauten Künstler die verschlungensten Buchstaben, Figuren und Verzierungen anwandten, deren Nachzeichnung wieder nur einen Künstler erforderten. Bei englischen Kreditpapieren begegnen wir auch heute noch dieser bewährten Methode. Allerdings werden gleichzeitig verschiedene Mittel zur Anwendung gebracht, um die photographische Nachahmung (von der wir später sprechen wollen) zu verhindern.

Im übrigen begann man bald mit dem Mehrfarbendruck, welcher seinerzeit die unmittelbare photographische Nachahmung unmöglich machte.

Mit den Fortschritten der Technik, deren sich die Verbrecher erfahrungsgemäß auf allen kriminalistischen Gebieten immer mit einem gewissen Vorsprunge bedienen, erwuchs den Herausgebern von Kreditpapieren aber der Zwang, sich stets neuerlich zu versichern, so daß die Druckerei jeder Notenbank oder staatlichen Notenanstalt eines ständigen wissenschaftlichen Beirates bedarf, um die letzten technischen Errungenschaften bezüglich der Möglichkeit ihrer mißbräuchlichen Anwendung zu studieren.

Es ist selbstverständlich, daß diese Anstalten ihre einschlägigen Forschungen streng geheimhalten, und daß es um so weniger im allgemeinen Interesse liegt, dieselben, auch wenn man sie wüßte, preiszugeben, als man dadurch nur der Verbrecherwelt nützen würde.

Wir wollen daher im folgenden lediglich die verschiedenen, bei der Fabrikation von Kreditpapieren möglichen technischen Verfahrensarten kurz beleuchten, um den mit der Verfolgung von Münzverbrechern betrauten Organen zunächst ein Bild davon zu geben, wie diese Papiere legal erzeugt werden.

Eine wichtige Rolle spielt das zur Verwendung gelangende Papier. Es soll von solcher Beschaffenheit sein, daß man den Druck weder radieren, noch durch chemische Mittel entfernen kann, um Fälschungen zu begehen. Ferner soll es auch der photographischen Nachahmung Hindernisse entgegensetzen. Die älteste Kennzeichnung des gesetzmäßigen Papieres geschah durch Wasserzeichen (Wassermarken, Filagramme)*). Das echte Wasserzeichen entsteht bei der Papierfabrikation dadurch, daß sich an jenen Stellen, wo die Form des Zeichens aufliegt, weniger Fasern ablagern können. Die betreffenden Stellen sind also im fertigen Papier durchscheinend.

Dieser Schutz genügte indessen nicht, weshalb man der Papiermasse Zusätze machte, durch welche das fertige Papier jeden äußeren Eingriff durch Farbenveränderung bekanntgab. So läßt ein mit Ultramaringrün gefärbtes Papier die mit verdünnten Säuren oder Alaunwasser erzeugte Schrift weiß erscheinen.

Am besten bewährte sich indessen das „Pflanzenfasernpapier“, nach seinem Erfinder Wilcoxpapier benannt. Es wird aus Hanf erzeugt, wobei man die Masse, bevor sie noch viel Wasser verloren hat, mit verschiedenartig gefärbten, beiläufig 6 mm langen Fasern derart bestreut, daß sich die letzteren dem Papierkörper einbetten. Dieses Gewirre, dem man vielfach durch besondere Anordnung der Fasern einen besonderen Charakter gibt, setzt nicht bloß dem Zeichner und Photographen Schwierigkeiten entgegen, sondern auch dem etwaigen verbrecherischen Papierfabrikanten, da sich die Herstellung derartigen besonders charakterisierten Papiers wohl nicht verheimlichen läßt.

Die Summe der beim Drucke von Kreditpapieren zur Anwendung gelangenden Verfahrensarten nennt man Banknotendruck. Das Wesentliche desselben besteht darin, daß man zuerst einen Unterdruck herstellt, welcher dazu bestimmt ist, das eigentliche Bild (Schrift und Zeichnung) in Farben aufzunehmen. Während das letztere je nach der angewendeten Methode mittels der Buch-, Stein- oder Kupferdruckpresse aufgedruckt wird, benützt man für den Unterdruck nebst dem

*) Korrumpiert aus Filigran.

typo- und lithographischen Wege auch die Guillochierung in Kupfer und Messing.

Unter Guillochieren (nach dem Erfinder namens Guillot) versteht man die Anbringung gewisser, den Gravierungen verwandter Verzierungen auf Metallgeräten oder auch Papieren. Sie bestehen aus Schraffen, Kurven, Wellenlinien, Wellenkreisen usw. und können natürlich die verschiedensten Figuren aufweisen, die gewöhnlich nach einem bestimmten Muster oder System angeordnet werden.

Die Guillochierung erzeugt in Verbindung mit den Fasern des Sicherheitspapiers jenes bekannte, besonders bei Banknoten ersichtliche Labyrinth von kleinen und kleinsten Figuren, Stäbchen, Ziffern und Zahlen, welches einem bei schärferer Betrachtung die Augen wässern macht.

Was den Überdruck anbelangt, so können für denselben ebenso die Typo- und Lithographie, wie der Stahlstich, Kupferstich und noch verschiedene andere Künste in Betracht kommen.

Unter Typographie oder Buchdruckerkunst versteht man die Vervielfältigung von Schriftstücken auf mechanischem Wege durch bewegliche Buchstaben (Typen, Lettern).

Die Lithographie oder der Steindruck besteht darin, daß man mittels chemischer Kreide oder der in chemische Tinte getauchten Feder oder durch Gravieren Zeichnungen auf einer Steinplatte entwirft, um sie dann mit einem Farbstoffe zu bedecken und abzudrucken. Ausgenommen die Gravier- oder Radiermanier, bleibt das Bild also in der Ebene, während der später von uns behandelte Kupferstich einen Tief-, der Holzstich einen Erhabendruck darstellt. Der lithographische Stein hat eine Dicke von 5—10 cm und ist ein glatt geschliffener dichter Kalkschiefer. Der Steindruck beruht auf dem Prinzip der Unvermischbarkeit von Fett und Wasser. Der mit Fett getränkte Stein nimmt an gewissen Stellen kein Wasser an und umgekehrt. Demgemäß besteht die lithographische Kreide aus Wachs,

Seife, Hammeltalg, Salpeter und Lampenruß. Ähnlich zusammengesetzt ist die lithographische Tinte, welche ein Zeichnen mit der Feder möglich macht. Der Lithograph benötigt insbesondere Klebstoffe zum Gummieren und Salpetersäure zum Ätzen.

Tondruck ist vervollkommnete Lithographie. Man verwendet hier mehrere Platten, die einzelne Partien derselben Zeichnung darstellen und mit Verwendung verschiedener Töne nacheinander zum Abdrucke gelangen. Daraus entstand, indem man statt der nur getönten, verschieden gefärbte Platten nacheinander abdruckte, um so wirkliches Kolorit zu schaffen, die Chromolithographie (Lithochromie, lithographischer Bunt- oder Farbendruck, Bilderdruck). Man vermag durch dieses Verfahren Aquarelle (daher Aquarelldruck) und Ölgemälde (Ölfarbendruck) in lebendigster Ausführung nachzuahmen bzw. zu vervielfältigen.

Hier bewegen wir uns aber, insbesondere, wenn wir die Abarten der Zinkographie (wo statt des lithographischen Steines Zinkplatten verwendet werden) und Photolithographie ins Auge fassen, bereits auf einem Gebiete, welches in dieser Beziehung weit mehr für den Verbrecher als für die gesetzmäßige Erzeugung von Kreditpapieren in Betracht kommt. Wir wollen die Besprechung der letzterwähnten Methode daher in einem anderen Zusammenhang fortsetzen und jetzt zum Kupfer- und Stahldruck zurückkehren.

Die Kupferstecherkunst (Chalkographie) wurzelt in folgendem Verfahren: in eine Kupfertafel wird eine Zeichnung eingraviert, deren Abbild dadurch zustandekommt, daß die vertieften Stellen mit Druckerschwärze eingerieben werden. Mittelst der anders als die Buchdruckpresse eingerichteten Kupferdruckpresse kann man dann, indem die gravierte Kupfertafel als Druckplatte verwendet wird, Abdrücke von wunderbarer Reinheit, sogenannte Kupferstiche, erzeugen. Das Kupferdruckverfahren, welches dem Prinzipe des Buchdruckverfahrens entgegengesetzt ist, hat nur den Nachteil, daß man eine Kupferdruckplatte nicht zugleich mit dem Texte zum Abdruck bringen kann, doch hilft man sich so, daß man den Text in entsprechender Anordnung vorher abdruckt und in die leer gebliebenen Stellen die in die Kupferplatten gravierten oder heliographisch auf Kupferplatten hergestellten Illustrationen einsetzt. (Über die Heliographie wird auch in einem späteren Zusammenhange gesprochen.) Man unterscheidet im Kupferdruck, der schon im 15. Jahrhundert in Deutschland aufkam, verschiedene Manieren, die Linienmanier (Bearbeitung der Platte mit dem Grabstichel), die geschabte Manier (Aufpausung der Zeichnung, Radierung und Rauhmachung mit dem Granierstahl, hierauf Lichtererzeugung durch Schaben mit dem Schabeisen und Polieren mit dem Polierstahl) und die Radiermanier (Ätzkunst). Die letztere ist nicht bloß bei den Kupferstechern von Fach immer beliebt gewesen, sondern auch bei den berühmtesten Malern. Hier wird nämlich die erwärmte Platte mit einem Ätzgrund überzogen, worauf man mit einem runden, zugespitzten Stahlstift wie mit einem Bleistifte zeichnen kann. Der Stift legt die Kupferplatte bloß, so daß man die Zeichnung rot auf schwarzem Grunde sieht. Nach Fertigstellung wird die Platte mit einem festen Wachsrand umgeben und mit Ätzwasser (meist Salpetersäure oder Eisenchlorid) begossen, welches sich an den bloßgelegten Stellen in das Kupfer einfrißt und so eine vertiefte Zeichnung erzeugt.

Im Jahre 1820 erfand der Engländer Charles Heath den Stahlstich (Siderographie), der beim Stich dasselbe Verfahren aufweist wie beim Kupferdruck, nur verwendet man hier weniger die kalte Nadel. Als Platten dienen Stahlblöcke, welche vorher des Kohlenstoffes beraubt (dekarbonisiert) werden, um sie weicher zu machen als Kupfer. Nach vollendeter Zeichnung wird die Stahlplatte chemisch wieder gehärtet. Der Stahlstich verdrängte dort, wo es sich um Massenerzeugung handelt, wie z. B. bei Papiergeld, den für Kunstwerke höherer Art verwendbareren Kupferstich solange, als man die galvanoplastische Abnahme von Kupferstichen erfand, so daß man leicht und rasch Klischees von tadelloser Reinheit herzustellen vermochte. Auch die Möglichkeit, Kupferplatten zu verstählen, nahm dem Stahlstich allmählich seine Verbreitung. Die Herstellung künstlerischer Klischees kann also auf verschiedenen Wegen geschehen. Selten wird nur ein einziges Verfahren, sondern nahezu immer und überall eine Kombination angewendet, welche ein bedeutendes Personal, große, geeignete Arbeitsräume und eine ganze Anzahl sehr teurer, komplizierter Maschinen erfordern. Es müssen alle Arten von Pressen vorhanden sein, Buchdruck- neben lithographischen und Kupferdruckpressen, Dinge, welche ein unbefugter Kreditpapiererzeuger kaum vollzählig besitzen und verwenden kann, ohne aufzufallen.

Der Münzverbrecher wird also Wege einschlagen müssen, um die Geldpapiere entweder auf einfacherem Wege tunlichst ähnlich und täuschend herzustellen oder echte so zu verändern, daß er aus ihnen einen unberechtigten Gewinn schlagen kann.

Man unterscheidet daher im internationalen Strafrecht eine Anzahl von Machenschaften, welche sich alle unter dem Titel Münzverbrechen vereinigen lassen, jedoch in den einzelnen Strafgesetzbüchern verschieden benannt und behandelt sind.

B. Fälschungsarten und gesetzliche Qualifikation.

I. In Beziehung auf Münzen.

Hier unterscheidet man theoretisch folgende Arten:

a) Münzfälschung oder Falschmünzerei,

b) Münzverfälschung,

c) Münzbetrug.

a) Münzfälschung.

1. Die Nachmachung in- oder ausländischer Münzen, um sie als echt zu gebrauchen oder sonst in den Verkehr zu bringen.

2. Die Veränderung „verrufener", d. h. echt gewesener, aber nicht mehr geltender Münzen in scheinbar echte.

b) Münzverfälschung.

1. Wenn man echten Münzen in betrügerischer Weise den Schein eines höheren Wertes gibt.

2. „Kippen und Wippen", d. h. wenn man echte Geldmünzen durch Abfeilen, Beschneiden, Abschaben oder sonstwie in ihrem inneren Werte oder Gehalte verringert und als vollgültig in den Verkehr bringt.

c) Münzbetrug.

Die wissentliche Verausgabung falschen oder verfälschten Münzgeldes oder dessen Einführung aus dem Auslande, sei es, daß man

1. die ursprünglich ohne betrügerische Absicht gemachten Münzen später doch in den Verkehr bringt, oder
2. sich derartige Münzen verschafft, um sie in den Verkehr zu bringen, oder
3. solche Münzen zum Zwecke der Verbreitung aus dem Auslande einführt oder
4. als echte eingenommene Geldmünzen, um sie ohne Schaden los zu werden, ohne Einverständnis mit den Tätern oder Teilnehmern nach erkannter Unechtheit weiter verausgabt.

aa) Nach dem deutschen Reichsstrafgesetzbuche macht sich derjenige der Falschmünzerei (Münzfälschung) schuldig, der in- oder ausländisches Metall- oder Papiergeld nachmacht, um dies Falsifikat als echt zu gebrauchen oder sonst in den Verkehr zu bringen. Außerdem wird auch als Münzfälschung angesehen, wenn jemand echt gewesenes, aber nicht mehr gültiges („verrufenes") Geld in der gleichen Absicht verändert, um ihm das Ansehen gültigen Geldes zu geben. Die wirkliche Verausgabung wird zur Vollendung des Verbrechens nicht erfordert; schon die Herstellung desselben in der gedachten Absicht setzt den vollendeten Tatbestand und wird mit Zuchthaus von

2—15 Jahren geahndet. Auch kann die Zulässigkeit der Polizeiaufsicht ausgesprochen werden. Bei mildernden Umständen sinkt der Strafsatz auf einen Tag bis fünf Jahre. — Münzverfälschung liegt nach demselben Gesetze vor, wenn jemand entweder echtem Gelde in betrügerischer Weise den Schein eines höheren Wertes gibt, oder wenn er echte, zum Umlauf bestimmte Metallgeldstücke durch Beschneiden, Abfeilen oder auf andere Art verringert und dann als vollgültig in den Verkehr bringt. Im ersteren Falle wird der Betreffende mit der gleichen Strafe wie für Falschmünzerei bedroht, während im letzteren Falle auf Gefängnisstrafe bis zu fünf Jahren erkannt werden soll, neben welcher noch eine Geldstrafe bis zu 3000 Mark und der Verlust der bürgerlichen Ehrenrechte verhängt werden kann. — Schließlich ist auch Münzverbrechen das wissentliche Einführen oder Ausgeben falschen oder verfälschten Geldes (Münzbetrug). Am strengsten wird der Fall bestraft, wenn jemand Geld, das er ursprünglich ohne betrügerische Absicht nachgemacht verfälscht hatte, nun doch als echtes in den Verkehr bringt oder wenn er sich solches nachgemachte oder verfälschte Geld verschafft und dann in den Verkehr bringt, oder wenn er es zum Zwecke der Verbreitung aus dem Auslande einführt. Ihn trifft dieselbe Strafe wie bei der Münzfälschung. Hieher gehört auch der Tatbestand, daß jemand Metallgeldstücke, die durch Beschneiden, Abfeilen oder sonst irgendwie in ihrem Werte verringert sind, gewohnheitsmäßig oder im Einverständnis mit demjenigen, welcher sie verringert hat, als vollgültig in den Verkehr bringt. Die Strafe ist hier dieselbe wie beim leichteren Fall der Münzverfälschung. Bringt man nachgemachtes oder verfälschtes Geld, das man selber als echt eingenommen hatte, nach erkannter Unechtheit als echtes in Verkehr, so soll man mit Gefängnis von einem Tage bis zu drei Monaten oder mit Geld von 3—300 Mark bestraft werden. Überdies ist in allen diesen Fällen auf Einziehung des nachgemachten oder verfälschten Geldes und der zur Herstellung desselben benützten Werkzeuge selbst dann zu erkennen, wenn die Verfolgung und Verurteilung einer bestimmten Person unmöglich war. Mit Geld bis zu 150 Mark oder mit Haft bis zu sechs Wochen wird noch bestraft, wer ohne schriftlichen Auftrag einer Behörde Stempel, Siegel, Stiche, Platten oder andere Formen, die zur Anfertigung von Metall- oder Papiergeld oder Geldpapier oder von Stempelpapier, Stempelmarken, Stempelblanketten, Stempelabdrücken, öffentlichen Bescheinigungen oder Beglaubigungen dienen können, anfertigt oder an einen anderen als die Behörde verabfolgt, oder wer ohne schriftlichen Auftrag einer Behörde den Abdruck solcher Stempel, Siegel, Stiche, Platten oder Formen oder einen Druck von Formularien zu den eben bezeichneten öffentlichen Papieren, Beglaubigungen oder Bescheinigungen unternimmt oder Abdrücke an einen anderen als die Behörde verabfolgt, oder wer jemand Warenempfehlungskarten, Ankündigungen oder Drucksachen oder Abbildungen, die in der Form oder Verzierung dem Papiergeld oder dem Geldpapier ähnlich sind, anfertigt oder verbreitet, oder wer Stempel, Stiche, Platten oder andere Formen, die zur Anfertigung von solchen Drucksachen oder Abbildungen dienen können, anfertigt. Mit Gefängnis bis zu fünf Jahren bestraft das deutsche Gesetzbuch endlich denjenigen, der von den genannten Münzverbrechen zu einer Zeit Kenntnis erhält, in der sie noch hätten verhütet werden können, ohne der Behörde davon rechtzeitig Anzeige zu machen (§§ 4, 146—152, 360 Nr. 4—6).

bb) Das österreichische Strafgesetzbuch behandelt die unter a, b, c aufgezählten strafbaren Handlungen im XII. Hauptstücke (in den §§ 118—121) unter dem Gesamttitel „M ü n z v e r f ä l s c h u n g“, fügt aber im § 118 lit. a sogar noch einen weiteren strafbaren Tatbestand hinzu. Es bedroht nämlich auch denjenigen mit schwerer Kerkerstrafe, welcher „unbefugt“ in- oder ausländische Geldmünzen prägt, „obschon Schrott und Korn der echten Münze gleich oder n o c h h ä l t i g e r wäre“. Das heißt: Der unbefugte Erzeuger auch solcher in-oder ausländischer Münzen, die besser sind als die gesetzlichen, wird als Münzverbrecher bestraft. Hier wird der Eingriff in die staatliche Münzhoheit geahndet, gleichgültig, ob es sich um Österreich oder irgendeinen anderen Staat handelt.

Lit. b bespricht das Delikt der „Münzfälschung“: „... der nach einem wo immer gangbaren Gepräge entweder aus echtem Metalle geringhältigere, oder aus geringschätzigerem Metalle unechte Münze schlägt, oder sonst falscher Münze das Ansehen echten Geldes gibt.“ Hieher gehört die Vergoldung oder Versilberung von „verrufenem“ Metallgelde oder von Spielmünzen usw. Es macht dabei keinen Unterschied, ob es sich um in- oder ausländisches Geld handelt.

Lit. c hat das „Kippen und Wippen“, die „Münzverfälschung“ zum Gegenstande: „... der echte Stücke Geldes auf was immer für eine Art in ihrem inneren Werte oder Gehalte, nach welchem sie gemünzt worden, verringert oder ihnen die Gestalt von Stücken höheren Wertes zu geben sucht“. Bekannt ist z. B. das Ausfüllen der ausgebohrten Dukaten mit minderem Metalle.

Lit. d verfolgt denjenigen mit der gleichen Strafe, welcher „Werkzeuge zur falschen Münzung herbeischafft, oder auf was sonst immer für eine Art zur Verfälschung mitwirkt“.

Der „Münzbetrug“ findet sich im § 120 und im § 201 lit. a behandelt. Als „Teilnehmer“ an der „Münzverfälschung“ kommt nämlich nur derjenige in Betracht, welcher falsches oder verfälschtes Geld im Einverständnisse mit dem Erzeuger, dessen unmittelbaren Helfern oder entfernteren Mitschuldigen ausgegeben oder die beim „Kippen und Wippen“ herausgearbeiteten Münzteile an sich gelöst hat, während derjenige, welcher „verfälschte Münze ohne Einverständnis mit den Verfälschern oder Teilnehmern wissentlich weiterverbreitet“, bloß wegen Verbrechens des Betruges bestraft wird.

II. In Beziehung auf Kreditpapiere.

aa) Über das deutsche Strafgesetzbuch siehe unter I.

bb) Die Münzfälschung, Münzverfälschung und der Münzbetrug bei Kreditpapieren ist im österreichischen Strafgesetzbuche im XI. Hauptstücke unter dem Obertitel „von der Verfälschung der öffentlichen Kreditpapiere“ in den §§ 106—117 behandelt. Was man unter „öffentlichen Kreditpapieren“ zu verstehen hat, sagt Absatz I des § 106, nämlich: solche Kreditpapiere, welche im In- oder Auslande als Münze gelten und dann die von einer öffentlichen in- oder ausländischen Kasse ausgestellten, die Zahlung eines Kapitals oder einer jährlichen Rente zusichernden Schuldverschreibungen oder die zu denselben gehörigen Kupons oder Talons. Gleichgehalten sind diesen öffentlichen Kreditpapieren die von der österreichischen Nationalbank ausgefertigten Noten und Aktien, sowie die von einer inländischen von der Behörde genehmigten öffentlichen Kreditanstalt ausgestellten Schuldverschreibungen und die dazugehörigen Kupons und Talons. Durch besondere Vorschriften wurden den öffentlichen Kreditpapieren in dieser Beziehung dann noch eine Reihe von Papieren anderer Anstalten gleichgestellt, nämlich deren Noten, Pfandbriefe, Aktien, Rentenscheine, Schuldverschreibungen samt den dazugehörigen Kupons und Talons.

Unter Kupon (Zinskupon, Zinsleiste, Zinsschein) versteht man die den zinsentragenden Papieren auf eine Reihe von Jahren zur Erhebung der Zinsen beigegebenen gedruckten Quittungen, die man zu den bestimmten Verfallszeiten vom Kuponbogen abschneidet und an den auf ihnen bezeichneten Kassen gegen bares Geld einlösen kann. In der Regel enthält der Zinsbogen den sogenannten Talon (Ferse, Erneuerungsschein), der nach Aufbrauch der Kupons gegen einen neuen Zinsbogen mit Kupons eingewechselt werden kann.

Nach dem gesetzlichen Wortlaute sind also die Türkenlose, die französische, englische, italienische Rente oder die Noten irgendeiner ausländischen Bank, soferne die letzteren nur im betreffenden Auslande gesetzliche Zahlungsmittel sind, genau so geschützt wie das Papiergeld der Österreichischen Nationalbank, während die Fälschung anderer Papiere bloß den Tatbestand der Urkundenfälschung nach § 201 lit. a, bzw. den des gemeinen Betruges nach § 197 StG. bilden würde.

Hiebei sei nebenbei darauf hingewiesen, daß das österreichische Strafgesetz bloß drei ausdrückliche Bestimmungen für das Ausland enthält, nämlich den Schutz der ausländischen Münzen und Kreditpapiere nach den §§ 118 und 106 und den der öffentlichen Ruhe nach § 66.

Das Delikt der „Münzfälschung“ ist in den §§ 106 bis 113 als „Nachmachung“ behandelt, wobei ausdrücklich erklärt wird, daß es für die Beurteilung des Tatbestandes unwesentlich sei, ob die Fälschung „zur Täuschung geeignet“ erscheine, ob sie schon verausgabt und ein Nachteil erfolgt wäre oder nicht. Das österreichische Strafgesetz unterscheidet innerhalb der Münzfälschungen die Nachahmung des Papiergeldes (§ 108) von der „der öffentlichen Schuldverschreibungen“ (§ 111); den „Mitschuldigen“ (das ist jener, welcher durch Nachstechen der Wappen, wissentliches Verfertigen von Papier, Stempel, Matrizen, Buchstaben, Pressen usw. „zur Nachmachung mitwirkt, wenngleich seine Mitwirkung ohne Erfolg geblieben ist“) von dem „Teilnehmer“. Auch hier ist nur jene Person als „Teilnehmer“ zu betrachten, welche im Einverständnisse mit dem Fälscher, seinen Mitschuldigen oder entfernteren Teilnehmern, auch wenn dasselbe erst nach der vollbrachten „Nachmachung“ zustande gekommen wäre, falsche oder verfälschte Kreditpapiere verausgabt. Dagegen wird der Münzbetrug mit öffentlichen Kreditpapieren auch hier nur als Betrug nach § 201 lit. a bestraft, wenn man „nachgemachte oder verfälschte öffentliche Kreditpapiere ... ohne Einverständnis mit den Verfälschern oder Teilnehmern wissentlich weiterverbreitet“, also als echt eingenommene öffentliche Kreditpapiere trotz erkannter Unechtheit als echte weiterverbreitet.

Das Delikt der „Münzverfälschung“ ist im österr. Strafgesetzbuch im § 114 als „Abänderung der öffentlichen Kreditpapiere in eine höhere Summe“ behandelt. Wieder werden Haupt- und Mitschuldige von den Teilnehmern unterschieden.

C. Wie Falsifikate entstehen.

I. Falschmünzer.

Nach der Art der Herstellung kann man unterscheiden:

1. Vergoldung und Versilberung.
2. Ausbohrung.
3. Kippen und Wippen.
4. Auflötung:
   a) mit echter Vorder- und Rückseite;
   b) mit unechter Vorder- und Rückseite.
5. Prägung.
6. Guß.

1. Vergoldung und Versilberung.

Durch Vergoldung oder Versilberung von Spielmarken, „verrufenen“, nämlich nicht mehr gangbaren Geldes, Denkmünzen, Medaillen usw. pflegen, insbesondere auf Märkten oder anderen Plätzen, wo ein reger Umsatz stattfindet, seit jeher Falsifikate in den Verkehr gebracht zu werden. Die Erkennung eines solchen Falsums macht natürlich auch dem Laien keinerlei Schwierigkeiten.

Am ältesten und gebräuchlichsten ist die Feuervergoldung bzw. Feuerversilberung. Bei ersterer reinigt man das Metall, befeuchtet es mit einer Lösung von salpetersaurem Quecksilberoxyd, überzieht es mit Goldamalgam, spült es, trocknet es sodann und erhitzt es, um das Quecksilber zu verflüchtigen. Hierauf wird der Gegenstand wieder gespült, mit einer Kratzbürste von Messing bearbeitet und mit Blutstein poliert. Bei letzterer glüht man das Metall (Kupfer,

Messing, Tombak), brennt es mit einer Säure gelb, befeuchtet es mit einer salpetersauren Lösung von Quecksilberoxyd, bedeckt es mit Silberamalgam und erhitzt es dann behufs Verflüchtigung des Quecksilbers. Man kann den Gegenstand auch mit einem Gemisch von Silberpulver, Quecksilberchlorid, Salmiak und Kochsalz reiben, mit Wasser spülen, trocknen und dann erhitzen.

Außerdem gibt es noch eine „kalte", eine „nasse" und eine galvanische Vergoldung und Versilberung, ferner eine Vergoldung mit Blattgold und eine Versilberung mit Blattsilber.

Über die galvanische Vergoldung und Versilberung wollen wir gleich an dieser Stelle mehr Worte verlieren, weil die Galvanoplastik speziell bei den Münzverbrechen eine sehr große Rolle spielt.

Unter Galvanoplastik versteht man die praktische Verwertung der elektrochemischen Zersetzung (Elektrolyse). Durch den galvanischen Strom kann man nämlich Metalle aus den wässerigen Lösungen ihrer Salze ausscheiden, wobei sich das Metall am negativen Pol eigentümlicherweise derart in dichtem, zähem und gut gefärbtem Zustand ausscheidet, daß es die Oberfläche des ersteren oder die eines mit ihm leitend verbundenen Körpers gleichmäßig unter Wiedergabe der feinsten Einzelheiten bedeckt. Es entsteht zuerst nur ein feiner Überzug, der aber bei richtiger Behandlung und zweckmäßiger Einrichtung des Apparates gleichmäßig anwächst. Hat man den negativen Pol oder den mit demselben verbundenen Gegenstand mit einer Fett- oder Oxydschicht vorher bestrichen, so läßt sich der galvanisch erzeugte Metallüberzug leicht abheben und stellt einen prächtigen Abguß des betreffenden Gegenstandes dar. Je nachdem, ob man starke oder dünne Niederschläge erzeugt, kann man durch diese Methode Riesenfiguren ebenso herstellen als Kopien von Münzen, Gegenstände der Industrie, Kupferplatten für den Kupferstecher oder Kopien schon gestochener Kupferplatten (zur Schonung der Originale), Reliefs, Ornamente, überhaupt alle denkbaren Arbeiten, die sonst geschmiedet, geprägt, gegossen oder sonstwie hergestellt werden müßten, aber auch sämtliche Arten von Metallüberzügen (Vergolden, Versilbern, Verkupfern, Vermessingen, Vernickeln usw.). Diese letztere Tätigkeit nennt man Galvanostegie. Man vergoldet z. B. eine Spielmarke aus Blech folgendermaßen galvanoplastisch: Erst reinigt man sie mit Säuren oder Kratzbürsten, durch Abschmirgeln oder Entfetten und bringt sie in ein galvanoplastisches Bad, bestehend aus einer Lösung von Gold, Knallgold, Goldchlorid in Zyankalium, indem man sie an einem Platin- oder vergoldeten Kupferdraht an der Kathode befestigt, läßt sie beiläufig zwei Minuten darin, spült sie und wäscht sie mit Weinstein und Wasser, trocknet sie und hängt sie dann aufs neue in die Lösung. Dieses Verfahren wiederholt man so lange, bis die Vergoldung stark genug ist. Die elektrische Stromquelle findet man am bequemsten durch Anschluß an eine Starkstromleitung, oder man benützt eine Akkumulatorenbatterie oder auch nur sogenannte „Elemente". Natürlich gehört eine gewisse Übung und Praxis zu derartigen Manipulationen, die aber heutzutage fast jeder in industriellen Betrieben beschäftigte Arbeiter hat. Wir werden auf die Galvanoplastik, welche zahlreiche frühere Methoden vereinfacht und teilweise verdrängt, verschiedene Operationen aber neu ermöglicht hat, noch wiederholt zu sprechen kommen.

2. Ausbohrung.

Echte Münzen aus Edelmetall, insbesondere Goldmünzen, werden mittels eines Hohlbohrers ausgehöhlt und mit minderem Metalle gefüllt; oder der Fälscher gewinnt das Gold durch Säuren oder galvanische Ätzung. Um die Manipulation zu verdecken, werden die Münzen dann häufig galvanisch vergoldet oder versilbert, so daß sie wie neu aussehen.

3. Kippen und Wippen.

Hier gewinnt man das Edelmetall, wie schon in einem früheren Kapitel besprochen, durch Abfeilen, Abkratzen oder ähnliche Manipulationen und stellt sodann das Aussehen der Münze durch Polieren, gegebenenfalls auf galvanoplastischem Wege wieder her.

4. Auflötung.

Man sägt von echten Münzen Vorder- und Rückseite sowie den Rand mittels einer feinen Säge ab und schweißt diese Teile dann auf einen unechten Metallkern, oder man kopiert galvanoplastisch die Außenseiten der echten Münze auf den unechten Metallkern. Für diesen verwenden die Fälscher am liebsten Britanniametall (Minofor), welches überhaupt bei Falsifikaten am häufigsten benützt wird und in einer Legierung von Zinn, Antimon und Kupfer besteht, wobei das Zinn vorherrscht. Bisweilen wird die Legierung auch aus Kupfer, Zink und Blei hergestellt. Zum Gießen dienen mit Blutstein ausgepinselte Stahl- und Messingformen, während man zum Löten ein Gemisch von Öl und Kolophonium benützt.

5. Prägung.

Geprägte Falsifikate treten selten in die Erscheinung, vor allem, weil es sehr schwer ist, sich einen guten Stempel zu verschaffen. Die legalen Prägestempel werden mittels eines besonders starken Prägewerkes aus dem gehärteten Urstempel erhalten. Besitzt man keinen dieser Prägestempel, von denen jeder einzelne beiläufig eine halbe Million Münzen erzeugen kann, so läßt sich ein solcher nur aus der betreffenden Münze fabrizieren. Hiezu muß man aber wohl sehr in der Graveur- und Prägetechnik oder wenigstens in verwandten Gewerben bewandert sein. Der Fälscher ätzt entweder das Bild, wenn er Zeichner ist, in Stahl oder Kupfer, oder er stellt aus der Münze mittels der Kopierdrehbank eine Patrize oder Matrize her. Dieser Stempel genügt aber nicht, auch wenn er noch so gut ausgeführt wäre und die genügende Härte besäße. Er gewinnt vielmehr nur in Verbindung mit kostspieligen maschinellen Einrichtungen, die wir bei der gesetzmäßigen Fabrikation von Geldmünzen kennen gelernt haben, für den Verbrecher Wert. Und sollte dieser beabsichtigen, bloß die Vorder- und Rückseite der Falsa zu prägen, so bedarf er doch wenigstens eines Prägewerkes, welches eine ganz erkleckliche Anzahl von Pferdekräften beansprucht und beim Stoß oder Druck ein lautes Geräusch hervorruft. Derartige maschinelle Einrichtungen lassen sich schwer verbergen oder geheimhalten. Leichter ist verhältnismäßig der Mißbrauch von Präge- oder Fallwerken, die industriellen Zwecken dienen. Hiebei kommt indessen als Erschwerung in Betracht, daß in derlei Betrieben zu gewissen Stunden nicht gearbeitet wird, so daß in dieser Zeit auf die Straße dringender Maschinenlärm Verdacht erwecken würde. Auch sind solche Fabriken in der Regel ständig bewacht. Es müßten sich da also schon mehrere Komplizen in verschiedener gesellschaftlicher Stellung vereinigen.

Immerhin tauchen im Laufe der Zeit aber da und dort geprägte Falsa auf. Sie sind aus minderwertigen Metallen und Legierungen hergestellt und dann galvanisch versilbert oder vergoldet. Andere werden aus echtem Silber fabriziert und sogar zum staatlichen Münzfuße. Der Fälscher begnügt sich hier mit dem staatlichen Gewinn. Diese Falsifikate wurden in der Regel von in finanzielle Schwierigkeiten geratenen industriellen Präganstaltsbesitzern in Verkehr gebracht.

Dagegen wird eine t e i l w e i s e verbrecherische Prägung häufiger beobachtet. Sie besteht darin, daß man Münzen von n i e d r i g e r e m Werte den Stempel einer w e r t v o l l e r e n Münze aufdrückt, z. B. daß man seinerzeit aus einem österreichischen Kronenstück ein deutsches Zehnmarkstück machte.

Bei Goldmünzen wurden auch schon Falsa eingebracht, welche einen unechten Metallkern, aber echtgoldene Vorder-, Rückseiten und Ränder zeigten. Hier wurden die Hülsen nicht durch Galvanoplastik hergestellt, sondern durch Prägung echter Goldplättchen. Diese wurden geschickt aufgelötet, so daß sich das Goldstück erst nach längerem Gebrauche durch Ablösung der Schalen als Fälschung erwies. Freilich besaßen sie nicht den richtigen Klang, doch ist diese Erscheinung, wie wir hören werden, nicht ausschlaggebend, jeder Goldarbeiter mußte sie aber, wenn er bloß das Äußere auf seine Echtheit prüfte, für echt erklären.

6. Guß.

Die Mehrzahl der Münzfalsifikate wird durch Guß hergestellt, weil diese Manipulation am einfachsten, unauffälligsten, billigsten und verhältnismäßig leichtesten zu bewerkstelligen ist. Freilich ist auch hier Fachkenntnis und Übung ein wertvoller Faktor, doch äußert sich derselbe bloß im Grade der Vollkommenheit. Selbstverständlich steht jede gegossene Münze, auch wenn sie noch so sorgfältig und geschickt hergestellt wäre, einer geprägten gleicher Gattung weit nach, denn sie weist niemals die klaren, scharfen Umrisse des Bildes und der Schrift auf, zeigt auch meist gewisse andere Merkmale, die sie dem Kenner bald als Fälschung erkennen lassen. Darüber wollen wir später mehr sagen. An dieser Stelle interessiert uns bloß die Herstellung.

Diese erfordert vor allem die Gußform, deren sich der Verbrecher, wenn er eine größere Anzahl von Falsifikaten zu verausgaben gedenkt — und welcher Falschmünzer dächte nicht daran? — gleich mehrere herstellt. Hiezu benützt er womöglich eiserne oder hölzerne Gußformrahmen, welche aus zwei zusammenklappbaren Teilen mit Stellstiften zum Fixieren bestehen. Schließlich genügen aber auch entsprechend hergerichtete Gefäße, in welche die Formmasse — Gips, Formsand oder auch Porzellanerde (Kaolin) — gegossen wird. Zu diesem Zwecke verfertigt der Fälscher einen entsprechenden Brei, der gut durchgerührt werden muß, damit er keine Bläschen wirft, was besonders bei Gips gern der Fall ist. Ist die Masse in die beiden Rahmen getan, steckt er ein tunlichst gut erhaltenes Exemplar der Originalmünze bis zur Hälfte in einen derselben und bedeckt dann die Masse mit einem Papier, aus welchem die Münze durch einen eng anschließenden Ausschnitt hervorragt. Das Papier soll die Verbindung der beiden Formmassen verhindern, wenn jetzt die andere Hälfte darübergeklappt wird. Ist die Masse erstarrt, nimmt der Fälscher die beiden Hälften vorsichtig auseinander, entfernt das Papier, nimmt die Münze sorgfältig heraus und gräbt nun auf beiden Hälften, aber genau korrespondierend, einen Kanal, und zwar vom Abdruck angefangen bis zum Rande des Rahmens. Jetzt klappt er beide Hälften wieder übereinander und hat nun einen zylindrischen Einguß für das Material, aus dem die falsche Münze hergestellt werden soll.

Als Gußmetall kommen zumeist Zinn, Zink, Kupfer, Glockengut, Britanniametall, aber auch andere Metalle bzw. Legierungen in Betracht.

Die Gußformen werden auch auf galvanoplastischem Wege erzeugt, wobei sich verschiedene Variationen denken lassen.

Der Rohguß der Münze läßt sich natürlich nicht unmittelbar verwerten. Er bedarf vielmehr der sogenannten Appretur. Dort, wo die beiden Gußrahmenhälften aneinanderschlossen, ist infolge des trennenden Papiers eine hervorstehende Naht entstanden, die sogenannte Randnaht. Diese muß mit einer feinen Feile geglättet werden, was sehr vorsichtig zu geschehen hat, wenn man die Spuren nicht auf den ersten Blick wahrnehmen soll. Dann befindet sich an der Stelle, wo der Gußkanal mündete, ein kleiner Metallzapfen, der „Anguß", „Gußkegel" oder „Gußkönig". Der Fälscher muß ihn ebenfalls abfeilen. Jetzt fehlt noch die Randschrift, welche mit Punzen oder Sticheln nachgeahmt wird. Endlich muß die falsche Münze poliert werden, oder vergoldet, versilbert, vernickelt. Das kann durch die verschiedenen, uns bereits bekannten Methoden, insbesondere auch mittels der Galvanostegie, bewerkstelligt werden.

Die Metallegierung läßt sich in einem Schmelztiegel aus Graphit mittels eines mit Holzkohlen erhitzten Schmelzofens leicht erzeugen.

II. Kreditpapierfälscher.

1. Ältere Methoden.

Von den Kreditpapieren wird am häufigsten das Papiergeld nachgeahmt, da es am leichtesten verwertet werden kann. Selten arbeitet hier ein Fälscher allein, weil die Herstellung der Staats- und Banknoten immer mit Geldauslagen verbunden ist. Mindestens bedarf der Erzeuger eines geeigneten, für längere Zeit absperrbaren Raumes, welcher sich in Kleinwohnungen schwerer findet. Endlich sind derartige Fälschungen in der Regel im großen gedacht, so daß ein Anfangskapital notwendig erscheint. Es verbinden sich daher meist ein Fachmann in der Zeichen-, Graveur- oder einer anderen Kunst und ein Geldmann als kaufmännische Kraft. Die Nachahmungen erfolgten in früherer Zeit immer durch Ätzung auf Kupfer und Stahl, also durch Kupfer- und Stahlstich. Die Erfindung der galvanoplastischen Klischees, durch welche der Originalstich geschont werden konnte, kam den Banknotenfälschern sehr zustatten.

Durch das Hervorkommen des mehrfärbigen Papiergeldes wurde die Nachahmung bedeutend erschwert. In der Chromolithographie bewanderte Zeichner halfen sich aber über die Schwierigkeiten hinweg.

2. Neuere Methoden.

Wesentlich erleichtert wurde die Fälscherarbeit durch die Heliographie, welcher Sammelnamen verschiedene Methoden bezeichnet, mittels der Photographie hergestellte Bilder durch geeignete Ätzverfahren auf Metall zu übertragen, um sie sodann im Wege der Druckerpresse zu vervielfältigen.

Hieher gehört vor allem die Photolithographie. Bei diesem Verfahren erspart man die kunstvolle Zeichnerarbeit dadurch, daß der lithographische Stein mit einer Chromgelatineschicht überzogen wird. Belichtet man sie unter einem Negativ, so erscheint auf dem Stein das Positivbild, in unserem Falle das Bild der Bank- oder Staatsnote. Nachdem man dasselbe einer gewissen chemischen Behandlung unterworfen hat, kann man es auf der lithographischen Presse abdrucken. Die Photolithographie läßt, wie wir gehört haben, sich dann durch Verwendung verschiedener Platten leicht in Farbendruck umwandeln.

Gegen diese Verfahrensarten schützten sich die Noteninstitute durch die Verwendung solcher Töne und Farben, welche die unmittelbare Wiedergabe durch die photographische Kunst unmöglich machten, so daß wieder zeichnerische Fertigkeiten die Hauptrolle spielten.

3. Neueste Methoden.

Da kamen den Verbrechern die Erfindung der Heliogravure und die Fortschritte der Farbenphotographie zu Hilfe.

Erstere Methode hat die Herstellung von Kupferdrucken in Halbtönen zum Inhalte, welche eine geradezu samtartige Weichheit zeigen und in Verbindung mit chromolithographischen Farbendrucken Kombinationsdrucke von schönster Bildwirkung geben. Das Verfahren besteht darin, daß eine polierte Kupferplatte in feinen Asphaltstaub gelegt wird, den man hierauf anschmilzt. Auf diese Platte drückt man ein Pigmentpapier, welches das unter einem Diapositiv kopierte Bild enthält, so daß sich das letztere überträgt und wäscht in einem Warmwasserbade die unbelichtete Gelatine des Pigmentbildes aus. Hierauf legt man das nunmehr der Kupferplatte fest anhaftende Gelatinebild in ein Eisenchloridbad und ätzt es auf diese Weise ein. Die schwächsten Gelatineschichten werden vom Eisenchlorid zuerst durchdrungen und geben die tiefsten Schatten. Je nach der Dichte zeigt das Bild dann Mitteltöne und Lichter. Die Platte wird nach der etwa nötigen Retouchierung galvanisch verstählt.

Die Farbenphotographie (Heliochromie, Photochromie), das heißt die Kunst, Photographien in den natürlichen Farben herzustellen, bedeutet aber für die Noteninstitute eine weit größere Gefahr.

Ihr Problem ist bereits gelöst. Nur die praktische

Durchführung bietet noch Hindernisse. Schon Niepce erhielt in den Sechzigerjahren des 19. Jahrhunderts dadurch farbige Bilder, daß er Silberplatten in eine Lösung von Kupfer- und Eisenchlorid tauchte. Sie ließen sich aber nicht fixieren. 1889 schlug Wiener das „Ausbleichverfahren“ vor, welches auf dem Grundsatze beruht, daß eine farbige, lichtempfindliche Substanz bloß durch jene Farbstrahlen verändert wird, welche von ihr absorbiert werden. Rote Strahlen seien daher nicht imstande, einen lichtunechten roten Teerfarbstoff zu verändern, sie werden vielmehr von demselben zurückgeworfen, während lediglich die komplementären Strahlen bleichend wirken.

Auch andere Verfahren wurden vorgeschlagen, um die indirekte Farbenphotographie, die Dreifarbenphotographie, überflüssig zu machen. Es würde uns nun viel zu weit führen, wenn wir in diesem Büchlein darüber Näheres sagen wollten, doch möchten wir noch erwähnen, daß es bereits gelungen ist, durch die gleichzeitige Anwendung von „orthochromatischen“ Platten in Verbindung mit der „Gelbscheibe“ farbenwertrichtige Aufnahmen zu erzielen und auch zu fixieren. Freilich gehört dazu ein durch ununterbrochene Praxis und Forschung erlangtes Geschick, wie es in der letzten Zeit der berühmt gewordene Wiener Banknotenfälscher Ladislaus Hoschek, seines Zeichens Mediziner und Malariaforscher, tatsächlich bekundete. Durch das Wiener Sicherheitsbureau der Täterschaft überwiesen, vermochte Hoschek verblüffende Angaben über die auf das Banknotenfälscherhandwerk übertragene Photochromie zu machen.

Jeder Fortschritt in der Technik wird eben erfahrungsgemäß sofort auch gemißbraucht. Zum Glücke gibt es aber auch immer wieder Mittel und Wege, um dem Mißbrauche zu steuern. Wir sehen also speziell auf dem Gebiete des Geldverkehrs Staat und Verbrechertum in einem vorzüglich mit den Waffen des Geistes geführten Kampfe, wobei jeder Teil strengstes „Amtsgeheimnis“ wahrt.

D. Merkmale der Falsifikate.

I. Metallgeldfalsa.

Geprägte falsche Münzen sind in der Regel schwieriger zu erkennen. Ihre Herstellung beruht ja meist auf Großbetrieb, bei welchem der Verbrecher begreiflicherweise sorgfältiger zu Werke geht. Es handelt sich da nahezu ausschließlich um Gold- und Silbermünzen, die aus minderwertigem Metalle fabriziert werden und dadurch ein geringeres absolutes und spezifisches Gewicht aufweisen. Am häufigsten kommen Falschstücke von Goldmünzen vor, die aus Silber- und Platinblech erzeugt und dann mit geprägten dünnen Goldblechen überzogen werden. Überhaupt ist die Gewichtsprüfung das wichtigste Mittel, um Gold- und Silbermünzen auf ihre Echtheit zu untersuchen. Man muß dabei das Maximal- vom Passiergewicht unterscheiden. Unter ersterem versteht man dasjenige, welches durch die normale Abnutzung aus dem Maximalgewicht entsteht. Solche Münzen werden sowohl gesetzlich als auch im geschäftlichen Verkehre anerkannt. Nur jene Stücke, die unter das Passiergewicht sinken, unterliegen der Einziehung, wobei darauf hingewiesen wird, daß viele Edelmetallmünzen durch Säuren, teils aus Spielerei, meist aber aus gewinnsüchtigen, strafwürdigen Motiven in ihrem Gewichte gewaltsam minderwertig gemacht werden. Die Differenz zwischen Passier- und Maximalgewicht ist gering. So betrug das Passiergewicht bei einem reichsdeutschen 20 Markstück z. B. 7,9552 Gramm gegen 7,9849 Gramm. Die Falsifikate zeigten dagegen ein ganz bedeutendes Mindergewicht. Ein österreichisches 20 Kronenstück wog 6,775 Gramm, während die aus Metallegierungen erzeugten Falsa infolge ihres geringeren spezifischen Gewichtes kaum schwerer waren als 3 Gramm. Daß man einen derartigen Gewichtsunterschied schon beim Abwiegen mit der Hand wahrnimmt, ist klar. Man kann natürlich auch chemische Erkennungsmittel in Anwendung bringen, doch muß man dann vorerst untersuchen.

ob die Außenseite nicht durch Auflötung oder Vergoldung, beziehungsweise Versilberung hergestellt ist. Bei Verdacht versuche man die äußere Schicht vor Anstellung der Strichprobe abzukratzen.

Befindet sich ein vergoldetes oder versilbertes Falsum einige Zeit im Verkehre, so sieht man den falschen Metallkern gewöhnlich, und zwar in erster Linie an den Kanten, durchschimmern, so daß eine weitere Probe eigentlich überflüssig erscheint. Die Silbermünzenfalsifikate zeigten ein Mindergewicht von einem Gramm beim Einkronenstück, um zwei Gramm beim Einguldenstück und um vier Gramm beim Fünfkronenstück. Diese Erscheinung rührt daher, daß als Legurmetall gewöhnlich Löffel aus Britanniametall verwendet werden.

Sehr wichtige Erkennungsmittel bilden die Nachteile des Gusses vor der Prägung. Wir haben ja im früheren bereits dargestellt, in welcher Weise der Guß vor sich geht. Vor allem fehlt bei der gegossenen Münze — wenn man von einer besonders genau durchgeführten galvanoplastischen Fabrikation absieht — die Randschrift. Der Fälscher rechnet damit, daß man im Verkehr die Münze nicht so genau betrachtet. Er läßt die Riffelung und Randschrift daher entweder ganz weg oder er stellt sie nachträglich mittels eines Stichels her. Da sie aber nur auf eine oberflächliche Betrachtung berechnet ist, so begnügt sich der Verbrecher mit einigen verschwommenen Buchstaben oder Zeichen. Aber selbst wenn er sich größere Mühe nimmt, so gelingt es ihm fast nie, die Buchstaben denen der echten Stücke in Größe, Abstand und Höhenstellung gleich zu machen. Die Buchstaben stehen dann in der Regel schief zueinander.

Man kann also sagen, daß neben den Spuren, welche das Wegfeilen des „Gußkönigs“ und der „Randnaht“ zurücklassen, die Fehler der Randschriftimitation und das Mindergewicht die Hauptmerkmale der Münzfalsifikate bilden.

Daß gegossene Münzen an Schärfe der Konturen den geprägten nachstehen, haben wir auch schon in einem früheren Kapitel gesagt.

Hinzuzufügen wäre noch, daß die gegossenen Münzen — bei den galvanoplastisch hergestellten weniger häufig — gewöhnlich außerdem verschiedene Unebenheiten (Rauheiten und Bläschen) aufweisen, die an der geprägten Münze nicht vorhanden sind.

Auf den hellen Klang der echten Gold- und Silbermünzen, beziehungsweise auf das Fehlen desselben bei verdächtigen Münzen wird im Publikum im allgemeinen zu großer Wert gelegt. Es ist ja richtig, daß Falsa meist einen dumpferen Klang haben, doch gibt es auch echte Münzen mit diesem Mangel.

Wenn die echte Metallmasse z. B. beim Schmelzen Risse oder Blasen erhielt, so ist das Geldstück völlig klanglos. Gold- und Silbermünzen bekommen ferner einen bleiernen Klang, wenn sie irgendwie mit Quecksilber in Berührung kommen, was ja in jeder Fabrik oder Werkstätte geschehen kann, wo das letztere Metall gewerblich verwertet wird. Allerdings verflüchtigt sich dasselbe sofort beim Erwärmen. Es ereignet sich, namentlich in der Großstadt, gar nicht selten, daß Personen als Verausgaber vermeintlich falscher Münzen angehalten werden, um hinterher durch das Münzamt vollständig rehabilitiert zu werden. Solche Stücke werden als „mißlungen“ bezeichnet und gegen ein gelungenes von Amts wegen umgetauscht. In den Münzstätten aller zivilisierten Länder wird daher jedes Metallgeldstück durch Aufwerfen auf eine Steinplatte oder durch Anschlagen mit einem Metallstäbchen im schwebenden Zustande nach dem Klange geprüft, bei der Massenerzeugung kommen aber trotzdem immer wieder „mißlungene“ Stücke in den Verkehr.

Im übrigen erfordert das Erkennen des Klangunterschiedes ein sehr gutes und geübtes Ohr, welches nicht jedem Menschen zur Verfügung steht.

Als weitere Unterscheidungsmerkmale kommen in Betracht: Farbe, Glanz, Größe, Dicke, Geruch, Gefühl und Härte.

Die Farbe der Münzen aus unedlem Metall weicht in der Regel sehr stark von der der echten ab. Bei vergoldeten oder versilberten Falsifikaten wird uns dieser Unterschied solange nicht auffallen, als der Überzug noch frisch ist. Nichtvergoldete Goldmünzenfalsifikate gibt es übrigens gar nicht, weil man sie sofort erkennen würde. Dagegen kommen sehr häufig Silbermünzenfalsifikate ohne Versilberung in den Verkehr. Man braucht ein derartiges verdächtiges Stück bloß neben einem echten Stücke zu betrachten. Sollte das echte etwa stark abgenützt sein, so stecke man das verdächtige zwischen eine Reihe echter und vergleiche die Ränder hinsichtlich der Farbe. Man wird dann sofort bemerken, daß das silberne Stück eine lebhaft glänzende und viel lichtere Farbe zeigt, als das Falsum. Die Ursache liegt darin, daß die Surrogatmetalle an der Luft sehr schnell oxydieren und dadurch dunkler werden.

Die Farbenprüfung erweist sich namentlich gegenüber Falsifikaten von Nickelmünzen als das sicherste Mittel. Die Nickelmünzenfalsa werden nämlich aus einer Legierung von Zinn und Blei hergestellt, welche sich dem Klange nach kaum vom Nickel unterscheidet. Ferner zeigen diese Fälschungen zumeist eine sorgfältige nachgeahmte Randkerbung, so daß es für den Laien ziemlich schwierig ist, ein Falsum mit Bestimmtheit als solches zu erklären. Die Farbe gibt aber nebst der Härteprüfung (siehe später) noch am ehesten Aufschluß, indem der Reinnickel einen deutlichen Stich ins Gelbliche hat, während die Nickelfalsa eine graue Farbe erkennen lassen, welche um so dunkler ist, je mehr Blei zur Legierung verwendet wurde.

Bei Nickelmünzen gibt es dann noch die Probe mit dem Magneten: die echten werden nämlich von einem Magneten angezogen, die falschen nicht.

Was den Glanz betrifft, so sucht ihn der Fälscher durch Putzen und Kratzen herzustellen, so daß derartige Falsifikate im Anfange einen auffallend starken Schimmer zeigen, der ganz anders verteilt ist, wie bei den echten Münzen. Diese zeigen eine matte Schrift und ein mattes Bild, aber eine glänzende Ebene. Die gescheuerten Falsa glänzen durchwegs, nur nicht in den kleinen Lücken, welche die Verzierungen und Buchstaben haben, weil die Bürste oder das Tuch dort nicht gut eindringen kann. Häufig werden übrigens die ohnehin viel weicheren Bild- und Schriftzeichen durch das Polieren abgeschliffen und verunstaltet, oder man vermag förmlich die Bürsten- oder Tuchstriche des Polierers zu erkennen. Die Unterschiede in der Größe und Dicke sind im allgemeinen nicht bedeutend, obwohl gegossene Münzen diesfalls meist von den echten abweichen, da ja bei der Randschriftimitation, beim Polieren usw. Masse und Form, wenn auch geringfügig, verloren geht. In Verbindung mit der Gewichtsprüfung können aber bei Goldmünzfalsifikaten Größe und Dicke allerdings eine entscheidende Rolle spielen. Während nämlich die Legierungen der Silbermünzenfalsa annähernd das gleiche spezifische Gewicht aufweisen als das Silber, so haben die zur Herstellung von Goldmünzenfalsifikaten in Gebrauch stehenden Metalle sämtlich ein geringeres spezifisches Gewicht als Gold. Sie müssen also, um das absolute Gewicht der nachzumachenden Münze zu erreichen, größer und dicker sein. Mit Rücksicht darauf, daß man im Verkehre weniger auf das Gewicht als auf die Gestalt achtet, trachten die Goldmünzenfälscher aber in der Mehrzahl der Fälle ihren Erzeugnissen lieber die gesetzliche Größe und Dicke zu geben.

Der Geruch ist auch ein Merkmal. Riecht nämlich eine verdächtige Edelmetallmünze, so ist sie falsch. Gold und Silber sind geruchlos, auch wenn man sie in der Hand reibt. Nicht so Zink, Kupfer, Zinn oder Glockengut.

Bei Silbermünzen ist auch das Gefühl Probierstein. Die Fälschungen aus Zinn oder Zinnmischungen fühlen sich nämlich fettig, die aus Quecksilber weißgeriebenen schlüpfrig, die versilberten auffallend glatt an. Im übrigen haben aber alle gegossenen, nicht polierten Münzen eine rauhe Oberfläche.

Die Härte kommt bei Falsifikaten von Nickelmünzen in Betracht. Obwohl der geläufigen Legierung von Zinn, Blei und Zink wiederholt Antimon beigemischt wird, um eine größere Härte zu erzielen, kommt dieselbe doch nicht der des Reinnickels gleich. Durch Anritzen mittels eines Messers, durch Aufstreichen an einen Stein oder selbst auf Rauhpapier kann man leicht die geringere Härte und so die Unechtheit konstatieren.

Es kommen vielfach sehr plumpe Fälschungen von Silbergeld aus Blei vor. Diese Falsifikate kann man mit dem Messer zerschneiden. Aber auch bessere Falsa, die viel Blei enthalten, gestatten mühelos Einschnitte mit dem Taschenmesser, wodurch sich jede weitere Probe erübrigt.

In zweifelhaften Fällen empfiehlt es sich dagegen, das verdächtige Stück dem Münzamte einzusenden, wo gewöhnlich in besonderen Protokollen die aufgetauchten Fälschungstypen verzeichnet sind. Diese Einsendungen empfehlen sich in den meisten Fällen vor gerichtlicher Deponierung, denn es hat für alle Sicherheitsbehörden großes Interesse, daß die geschilderte Evidenzführung eine vollständige und genaue ist. Läuft ein Falsum beim Münzamte ein, so wird nachgeschaut, ob diese Type bereits vertreten ist oder nicht. Trifft das erste zu, so läßt sich auch sagen, ob die betreffende Fälschungsquelle bereits entdeckt wurde. In diesem Falle wird jede weitere Forschungsarbeit erspart. Es ist ja bekannt, daß Geldfalsifikate oft viele Jahre nach Verurteilung des Verbrechers wieder in Umlauf kommen, wenn sie z. B. in die Hände eines Sparers gelangt waren. Weist das Falsum aber auf eine bisher noch unbekannte Falschmünzerwerkstätte, so erhält die Fahndungstätigkeit der Sicherheitsbehörden vielleicht einen ausschlaggebenden Fingerzeig. Schließlich ist das Münzamt aber auch diejenige Stelle, welche allein befugt und in der Lage ist, ein unanfechtbares Gutachten über die Echt- oder Unechtheit eines als Münzfalsums verdächtigten Geldstückes zu geben.

II. Papiergeldfalsa.

Hier hat man auf das Papier, Format, Wasserzeichen, die Fasern, den Druck, die Zeichnung und Guillochierung zu achten, aber auch auf die Form und Größe der einzelnen Buchstaben sowie die Färbung des Ganzen. Diejenigen falschen Noten, welche nicht auf photographischem Wege hergestellt sind, lassen sich sehr schnell durch einen leicht zu beschaffenden Apparat, den man vielfach ohnehin zu Hause hat, das Stereoskop, erkennen. Man braucht nämlich bloß in eine der beiden Abteilungen einen echten, in die andere den verdächtigen Schein zu legen. Decken sich (mit Ausnahme der Seriennummer) nicht sämtliche Linien haarscharf, ergeben sie kein einheitliches Bild, so ist die fragliche Note eine Nachahmung. In Sparkassen und anderen Geldinstituten befindet sich häufig eine echte Bank- oder Staatsnote auf eine Glasplatte geklebt, so daß der Beamte das erhaltene Papiergeld bloß auf die transparente Scheibe zu legen braucht, um sofort Bescheid zu wissen. Im gewöhnlichen Verkehr muß man sich, falls die Verausgabung von Notenfalsifikaten signalisiert wurde, genau die Unterscheidungsmerkmale einprägen, sonst kommt es leicht zu Mißgriffen.

Die Abweichungen in der Größe, Stärke und Form der einzelnen Zeichen und Buchstaben erklären sich daraus, daß dem Fälscher ja die aus derselben Form hergestellten Originallettern nicht zur Verfügung stehen, ein Mangel, den die Lithographie so wenig zu beheben vermag, daß die einzelnen Falsifikate nicht bloß vom Original, sondern auch untereinander ganz ansehnliche Abweichungen aufweisen. Bald sind die Buchstaben größer, bald kleiner, hier erscheinen sie schief gestellt, dort in verschiedenen Abständen. Auch ergeben sich orthographische oder andere mit der allfälligen Sprachunkenntnis des Fälschers zusammenhängende Abweichungen. So fehlte z. B. im ungarischen Texte der im Weltkriege verausgabten falschen österreichisch-ungarischen Zweikronennoten der Akzent auf dem Worte

„osztrák“, während statt des slavischen Wortes „dvije“ „dvuje“ zu lesen war. Der Zeichner hat eben, wenn die Reproduktion nicht auf heliographischem Wege erfolgt, so viel zu beachten, daß er leicht Fehler macht, die er nicht mehr ausbessern kann, wenn er die Arbeit nicht von vorne beginnen will. Läßt doch jedes Noteninstitut, wie wir gehört haben, nichts unversucht, die Hindernisse der Nachahmung möglichst zu vergrößern. So ist es nahezu unmöglich, die Guillochierung genau nachzuzeichnen. Wenn es halbwegs geht, lassen sie die Fälscher daher weg, darauf bauend, daß der Empfänger die Note nicht so genau betrachten werde. Dieser Mangel findet sich jedoch nie bei großen Noten, da man diese naturgemäß mit einer gewissen Vorsicht entgegennimmt. Die Fasern, welche neben der Guillochierung ein Hindernis des Unterdruckes bilden, lassen sich ebenso schlecht nachzeichnen als photographieren. Die Fälscher pflegen sie daher bei großen Noten nachträglich aufzukleben, was sich sofort feststellen läßt. Die Nachahmung der Fasern wird der Sachverständige immer, schon an ihrer unregelmäßigen Anordnung, erkennen, der Laie durch den Vergleich mit der echten Note.

Während die echten Noten gewöhnlich aus Hanfpapier bestehen, welches sich fest anfühlt, zeigen die Falsifikate meist ein fetziges, schon von vornherein weiches oder durch die chemische Behandlung bei Nachahmung des Druckes und der Färbung weich gewordenes Papier. Einige Noteninstitute, z. B. die deutsche Reichsbank, nehmen zu ihren Noten und Kassenscheinen ein geripptes Papier, welches überhaupt nicht nachgeahmt werden kann.

Echtes koloriertes Papiergeld weist eine satte Färbung auf. Die Falsa bringen dagegen, insbesondere die auf photographischem Wege hergestellten, verschwommene, matt getonte Bilder, die meist eine vom Roten ins Blaue spielende Farbe aufweisen. Doch tauchten auch schon sehr gut gefärbte Falsifikate auf, wenn der Fälscher nicht nur in der Photographie, sondern auch in den Arten des Kunstätzungsverfahrens bewandert war.

Das Wasserzeichen bildet ebenfalls ein Hindernis des Verbrechers, da ihm die Originalpapierballen nicht zur Verfügung stehen. Eine nachträgliche Erzeugung ist aber nur durch Pressung möglich oder durch Ölaufdruck. Beide Nachahmungen sind leicht kenntlich. Der Ölaufdruck sieht sich immer fettig an und ist auch dann wahrnehmbar, wenn man die Note nicht gegen das Licht hält. Das Wasserzeichen bemerkt man dagegen bloß bei durchscheinendem Lichte. Wird das Zeichen aber aufgepreßt, so lassen sich die Prägespuren nicht verwischen. Abgesehen davon nimmt es bei beiden Nachahmungsarten eine dunklere Färbung an, als seine Umgebung, während bei der echten Note das Umgekehrte der Fall ist.

Schließlich lassen alle durch Photo- oder Lithographie erzeugten Falsifikate jene Druckspuren vermissen, welche bei der legitimen, maschinellen Notenerzeugung unvermeidlich sind*).

E. Ermittlung des Täters.

I. Evidenthaltung, Nachrichtendienst, Fahndungstätigkeit.

Zu den schwierigsten Aufgaben der Kriminalpolizei gehört die Aufstöberung und Unschädlichmachung von Münzverbrechern. „Kleinbetriebe“, wo der Fälscher seine Handwerkstätte als Laboratorium benützt oder gar das Metall im Stuben- oder Küchenofen schmilzt, was er schwer vor Neugierigen verbergen kann, und wo er nur unvollkommene Falsifikate erzielt, geben gewöhnlich nicht viel Mühe. Sie haben bloß lokale Bedeutung. Anders gestaltet sich die Suche aber bei vorliegendem

*) Erwähnt sei noch das Verfahren, durch Spaltung des Papiers echter Banknoten die doppelte Anzahl herzustellen (zuerst von einem polnischen Juden namens Suchim Schapira angewendet), ferner die Herstellung einer echten, aber zusammengeklebten Banknote aus beiläufig zwanzig anderen echten Stücken, indem man aus jeder einen schmalen, leicht übersehbaren Streifen schneidet. Rentabel sind solche Fälschungen in der Regel nicht, nur sehr mühsam.

„Großbetrieb". Der Fälscher im großen Stile vermag sich natürlich viel leichter vor unberufenen Blicken zu sichern, ihm stehen verläßlichere Helfer, die Eisenbahn, geschäftliche und andere Beziehungen zu Gebote, was alles geeignet ist, seine Tätigkeit zu verschleiern.

Hier sei an den am 6. Mai 1901 verhafteten Johann Ritter von Bessemer erinnert, welcher sich in Mauer bei Wien, Schloßgartenstraße Nr. 3, eine ganze Villa zur Erzeugung von falschen Banknoten einrichtete. Sein technischer Komplize war Peter Kany. Das Wiener Sicherheitsbureau hatte Nachricht erhalten, daß das Haus für jedermann unzugänglich sei, und ließ es scharf bewachen. Trotz aller Vorsichtsmaßregeln gelang es dem damaligen Oberkommissär Stukart, beide Verbrecher festzunehmen und zu überführen.

Metallgeld wird viel häufiger gefälscht als Banknoten, nicht bloß wegen der geringeren Erzeugungskosten und Mühe, sondern auch deshalb, weil das Publikum im Metallgeldverkehre (Goldmünzen ausgenommen) sorgloser ist als gegenüber Banknoten, die eben meist auf größere Beträge lauten. Daher dauert es auch stets längere Zeit, bis die Behörde etwas vom Auftauchen neuer Münzfalsifikate erfährt.

Das wichtigste bei der Ausforschung von Münzverbrechern ist eine genaue Evidenthaltung aller wegen Münzverbrechen vorbestraften oder wenigstens aus solchen Anlässen verdächtigen oder angehaltenen Personen, denn Münzverbrecher kehren mit Hartnäckigkeit immer wieder zu ihrem Metier zurück, und dann ein stramm gehandhabter Nachrichtendienst. Die Polizei muß genau wissen, wann und wo Falsifikate verausgabt wurden. Auf einer Karte werden sodann die betreffenden Orte und Punkte eingeringelt und allmählich ergänzt. Diese Methode hat insbesondere bei lokalen Betrieben schon sehr hübsche Ergebnisse erzielt. Durch immerwährendes Einzeichnen der Anhaltungsorte ergeben sich auf der Karte bald „Herde", innerhalb welcher der Fälscher gesucht werden muß. Alle in dem Sprengel wohnenden Personen müssen dann darnach perlustriert werden, ob sie schon einmal als Münzverbrecher oder wenigstens als Verausgaber falschen Geldes in Betracht kamen. Es leuchtet ein, daß eine derartige Evidenthaltung nur dann eine vollkommene ist, wenn sie zentralistisch geführt wird. In Deutschland wurde dieses Prinzip zuerst anerkannt und in die Tat umgesetzt. In Preußen und Sachsen wurde nämlich schon vor langer Zeit eine Länderevidenz eingeführt, mit welcher das Polizeipräsidium in Berlin, beziehungsweise die Polizeidirektion in Dresden betraut ist. Der Hauptvorteil liegt darin, daß man sofort erkennen kann, ob es sich um eine bloß lokale Erscheinung handelt oder um eine solche, die das ganze Territorium, im weiteren Sinne das Reich angeht. Heute ist eine solche Zentralisierung ziemlich allgemein. In diese Zentralstelle müssen alle bezüglichen Nachrichten und Meldungen so schnell als möglich einlaufen, damit sie aus dem Zustande der Falsifikate beurteilen kann, ob mit ihrer Herstellung noch fortgefahren wird oder nicht. Raffinierte Fälscher erzeugen die ganze Summe, bevor sie mit der Verausgabung beginnen, entledigen sich vorerst aller Werkzeuge, Maschinen und sonstigen Behelfe, so daß man nichts mehr bei ihnen findet, wenn man selbst Haussuchung hielte. Die Taktik der Verfolgung ist selbstverständlich eine ganz andere, wenn man weiß, daß noch irgendwo eine „Fabrik" im vollen Gange ist, als umgekehrt. Endlich ist es auch von Wesenheit, wie viele Stücke gleicher Art aufgetaucht sind, was ebenfalls nur durch einen klaglos funktionierenden Nachrichtendienst erzielt wird. Man erkennt dann sehr bald, ob es sich um einen oder mehrere Täter, beziehungsweise Tätergruppen handelt. Hiebei müssen das Münzzeichen, die Nummern, die Eigentümlichkeiten, Fehler, Beschaffenheit des Papiers oder Metalls, die Mischungsverhältnisse, Farben usw. genau beachtet werden.

Alle diese Dinge lenken jedoch die Aufmerksamkeit der Sicherheitsbehörde nur in eine mehr oder minder bestimmte Richtung. Bis zur Festnahme des Täters ist es aber dann noch ein gar weiter Weg. Ist der Untersuchungssprengel abgesteckt, was ja nicht immer gelingt, dann beginnt erst die Suche nach den oben bezeichneten an und für sich interessanten Personen. Unter ihnen fahndet man wieder nach denjenigen, welche die erforderliche Übung und Geschicklichkeit haben, denen man den Besitz der nötigen Materialien und Maschinen zutrauen kann. Unter diesen sucht man wieder jene heraus, die sich irgendwie auffällig gemacht haben oder genußsüchtig oder in Not sind.

Paßt auf den einen oder anderen dieser Komplex von Belastungsgründen, so wäre es ganz verfehlt, ihn sofort festzunehmen, da man dann niemals mehr die Komplizen ergreifen würde. Jetzt muß erst vielmehr die Beobachtung einsetzen. Detektivs heften sich an die Fersen der Verdächtigen, oder wenn es nicht anders geht, fragt der uniformierte Polizist (Gendarm) in jedem Geschäfte, welches die ersteren betreten haben, nach, ob kein falsches Geldstück eingenommen worden sei. Den Grund braucht und soll der Gefragte derzeit noch nicht erfahren, damit er nicht in die Lage kommen kann, absichtlich oder unabsichtlich den Warner zu spielen.

Gewöhnlich hat der Verbreiter nur ein einziges Falsifikat bei sich, während ein Komplize draußen den Erfolg abwartet, um bei einer Anhaltung des Genossen mit dem Reste der Falsa verschwinden zu können. Auch hiefür soll entsprechend durch Überwachungsorgane vorgesorgt sein.

Die Ermittlung des Täters und seiner Helfer ist in kleineren Sprengeln, wenn diese nur einmal durch die Zentralbehörde bezeichnet sind, leichter als in der Großstadt, wo zu viele Personen vorhanden sind, auf welche eine solche Beschreibung paßt. Immer aber wird die Zuhilfenahme der Zentralstelle wertvoller sein als die Verlautbarung, beziehungsweise Suche in den Spähe-blättern, deren Drucklegung ja schon unliebsame Verzögerungen mit sich bringt.

II. Hausdurchsuchung.

Zu den schwierigsten und verantwortungsvollsten Amtshandlungen in der Strafrechtspflege gehört die Hausdurchsuchung, welche im weiteren Sinne auch die Person des verdächtigen Individuums und seiner etwaigen Helfer umfaßt. Von dem Falle der Ergreifung auf frischer Tat, wo sie vorgeschrieben und selbstverständlich ist, abgesehen, darf man sie nur dort vornehmen, wo bestimmte Verdachtsgründe vorliegen. In der Regel ist ja ein gerichtlicher Hausdurchsuchungsbefehl notwendig, und nur im Falle der Not, das heißt, dort, wo Eile geboten erscheint, darf sie die Sicherheitsbehörde aus eigenem Antriebe vornehmen. Wenn nun auch in der Praxis dieser Ausnahmsfall zur Regel wird, so darf doch kein Polizeiorgan vergessen, daß das Hausrecht gesetzlich geschützt ist. Schon aus diesem Grunde hat daher die Sicherheitsbehörde das lebhafteste Interesse daran, daß die Hausdurchsuchung auch wirklich das Schlußglied der Beweiskette wird, das heißt, daß man durch dieselbe unwiderlegliche Schuldbeweise zutage fördert. Eine oberflächlich oder ohne Verständnis vorgenommene Hausdurchsuchung ist oft imstande, alle bisherigen Bemühungen zuschanden zu machen, wie es sich z. B. anläßlich der vor einigen Jahren stattgehabten Verfolgung eines Wiener Bankdefraudanten ereignete.

Auf die Gerüchte hin, daß der Flüchtling in Niederösterreich gesehen worden sei, wurde das Kronland von Wiener Polizeiorganen unter Gendarmerieassistenz durchstreift. Da die Gendarmen wußten, daß in dem Marktflecken G. die mit dem Verbrecher bekannte Familie Sch. wohne, begab sich eine Kommission dahin und verhörte die Mitglieder derselben. Dem Wiener Beamten schienen nun die Leute so verdächtig, daß er die Vornahme einer Hausdurchsuchung beschloß. Man fahndete nach dem Diebe, sowie nach allfälligen Korrespondenzen und nahm auch einige Ansichtskarten in Beschlag, sonst verlief die Amtshandlung aber resultatlos. Als einige Wochen darauf sämtliche Komplizen in Haft waren, wurde bekannt, daß die Kommission damals lange auf einem — Misthaufen beim Ziegenstalle gestanden hatte, in welchem eine Flasche mit dem Großteile der Beute steckte. Hätte man den Haufen durchsucht und das Geld gefunden, so wäre dem Falle eine sofortige sensationelle Lösung gegeben worden, denn damals hatte man von dem Verbleibe des Täters und des Geldes noch keine Ahnung. In Wirklichkeit saß dieser in Wien in einer dunklen Kammer, um sich einen Bart wachsen zu lassen, während das gestohlene Geld in G. einstweilen von ihm „sichergestellt“ war. Die Hausdurchsuchung hatte aber die unangenehme Folge, daß sich die Verbrechergesellschaft der Beute nicht mehr sicher fühlte und dieselbe nunmehr unausgesetzt von einer Hand in die andere wandern ließ, so daß eine gewaltige Zersplitterung der defraudierten Summe die Folge war.

Es ist begreiflich, daß sich Verbrecher, welche Leben und Freiheit aufs Spiel setzen, im Besitze ihrer Beute bzw. jener Werkzeuge und Utensilien zu erhalten suchen, mit denen sie unter günstigen Umständen die strafbare, aber gewinnbringende Tat wiederholen wollen. Es leuchtet auch ein, daß ein überraschter Verbrecher bestrebt ist, verräterische Objekte vor der nachforschenden Obrigkeit im letzten Augenblicke noch zu verstecken. Das älteste und lange nicht unsicherste Versteck ist der eigene Körper, und zwar dieser selbst oder die Gewandung. In den Haaren, im Munde, in den Ohren usw. verbergen noch heute viele Diebe das entwendete Gut, bis sie es an einen bequemeren Ort zu bringen vermögen. Die Leibesvisitation muß sich daher auf den ganzen Körper erstrecken, wenn sie eine zielbewußte sein soll. Hinsichtlich der Kleider sind es die zu „Diebsfuhren“ umgewandelten „zerrissenen“ Taschen, denen man zunächst das Augenmerk zuwenden muß — auch bei Münzverbrechern, die ja gewiß immer darauf gefaßt sind, plötzlich ergriffen zu werden —, dann natürlich die schräg nach rückwärts verlaufenden, besonders angelegten „Gohlen“, in welche vorzüglich der „Schottenfellner“ (Ladendieb) oder der „Slieberer“

(Taschendieb) seine Beute verschwinden läßt. Frauenspersonen stellen derartige Verstecke auch dadurch her, daß sie den Unterrock und den inneren Kleidsaum unten zusammennähen. Das Hutfutter dient nicht minder als Aufbewahrungsort, ebenso die Stiefelsohlen, auf welche der Gauner die echten oder falschen Wertpapiere und Münzen klebt, um sie durch eine Pechschichte vor dem Abstreifen zu schützen. Falsche Höcker, hohle Broschen, Busennadeln usw., kurz alles, was eine Höhlung enthält oder als Decke dienen könnte, darf als Beuteversteck nicht übersehen oder unterschätzt werden.

In zweiter Linie kommt die Wohnung in Betracht, und zwar nicht bloß die eigene, sondern auch die fremde. Die Hausdurchsuchung muß daher, wenn sie beim Täter selbst fruchtlos verlief, allenfalls auch auf die Wohnungen der Verwandten und Freunde ausgedehnt werden, wozu allerdings notwendig ist, daß genügende strafprozessuale Gründe gegeben sind. Jede einzelne derartige Amtshandlung erfordert große Genauigkeit. Soll sie Erfolg versprechen, dann muß sie sich auf sämtliche Räume und Gegenstände erstrecken, d. h., es müssen Wände und Fußboden ebenso „abgeklopft“, nämlich abgesucht werden, wie ein Kasten, ein Bett, eine Truhe.

Das Raubmörderpaar Klein vergrub im Jahre 1904 die in Wien geraubten Effekten unter den Fliesen seines Pariser Mansardenzimmers, so daß die etwas flüchtig revidierende französische Polizei die Beute zunächst nicht fand und erst von Wien aus auf das Versteck aufmerksam gemacht werden mußte.

Noch origineller verbarg ein Einbrechertrifolium vor einem Jahrzehnt in Wien seinen „Murrer“ (Beute) im hohlen Fuße eines Tisches. Von dort hätte man es ohne späteren Verrat wohl niemals zutage gefördert.

Zu den außerhalb der Wohnung gelegenen Verstecken gehören alte, hohle Bäume oder Denkmäler und ähnliche Objekte. So brachten vor einigen Jahren Wiener Einbrecher ihre Beute auf den Schmelzer Exerzierplatz und warfen sie in einen der eisernen, innen hohlen Obelisken, wo sie selbstverständlich kein Sterblicher vermutet hätte.

Der Branntweinschänker, überhaupt der kleine Wirt, dient in zahlreichen Fällen, ohne daß er es vielleicht weiß, als Aufbewahrer. Es ist ja üblich, daß unterstandslose Individuen solchen Geschäftsleuten ihre Dokumente und andere Gegenstände anvertrauen, bis sie wieder eine Wohnung haben. Daher fällt es an und für sich nicht auf, wenn ein Verbrecher, der Obdachlosigkeit heuchelt, dort wohlverpackt und äußerlich nicht kenntlich, irgendwelche kriminell wichtige Sachen provisorisch unterbringt. Moderner auftretende und arbeitende Gauner helfen sich dagegen mit einer bahn- oder postlagernden zeitlichen Deponierung.

Das Wichtigste bleibt für alle Verbrecher der Umstand, daß man später ihre Beute oder Werkzeuge nicht mehr wiedererkennen kann. Heute weiß jeder Missetäter, daß man durch eine Strafe die ergaunerten Wertsachen nicht „ersitzt", sondern daß das Urteil gleichzeitig auch zum Schadenersatz verpflichtet. Es handelt sich also darum, nach Haftentlassung unangefochten im Besitz der Beute zu bleiben oder in den Wiederbesitz der Beute bzw. Werkzeuge zu gelangen. Vielen Verbrechern gelingt es tatsächlich, nach der Entlassung aus dem Gefängnis die strafbare Tat fortzusetzen oder, wenn er schon genug erbeutet hat, ein sorgenfreies Leben zu führen.

Dies geschieht hauptsächlich durch Vermischung. Die bedenklichen Werkzeuge oder die Beute müssen derart mit harmlosen Gebrauchsgegenständen, bzw. ehrlich erworbenem Gelde vermengt werden, daß man nicht mit Sicherheit sagen kann: „Der Mann arbeitet schon wieder verbrecherisch oder lebt von der seinerzeitigen Beute."

So hatte eine Wienerin ihrem schwachsinnigen Sohne ein kleines Vermögen hinterlassen, welches von dem Vormunde verwaltet wurde. Als der Knabe großjährig geworden war und der Vormund das Geld an den Kurator abliefern sollte, worauf er wahrscheinlich nicht gefaßt war, zeigte es sich, daß das Vermögen nicht mehr existierte. Der Schuldige wurde mit mehrjährigem Kerker bestraft, während der Schwachsinnige in das Armenhaus kam. Nach Verbüßung der Strafe kaufte sich der gewesene Vormund ein kleines Geschäft, welches ihm nicht viel kostete, aber merkwürdigerweise so gut ging, daß er sich in kurzer Zeit drei Häuser kaufen konnte. Kein Mensch kontrollierte diesen Aufschwung vom Standpunkte des seinerzeitigen Verbrechens. Vormund und Mündel starben, ersterer als angesehener Mensch, letzterer als armer Teufel, der von der Gemeinde das Gnadenbrot empfing.

Schuld an diesem Widerspruche war die mangelhaft durchgeführte Hausdurchsuchung zur Zeit der Haftnahme des Vormundes.

Allerdings birgt jede Hausdurchsuchung eine Schwierigkeit: die Unkenntnis der persönlichen und örtlichen Verhältnisse. Wie oft sucht man nicht in der eigenen Wohnung tagelang nach einem verlegten Gegenstande, obwohl man ganz genau weiß, wo sich derselbe befinden müsse, bzw. wo er unmöglich sein könne? Die Polizeiorgane treten dagegen ohne jede derartige Vorkenntnis in die fremde Wohnung. Sie sind weder mit den Gewohnheiten der Partei noch mit der näheren Örtlichkeit vertraut und genötigt, jedes einzelne Möbelstück und jeden Winkel in Augenschein zu nehmen. Dieser Mangel läßt sich aber durch die gewissenhafte Befolgung aller Vorschriften, insbesondere durch abschnittsweises Absuchen, wettmachen. Man benötigt eben zu der Amtshandlung nur mehr Zeit.

Was sich aber nicht durch Fleiß und Gewissenhaftigkeit ersetzen läßt, ist die mangelhafte Fachkenntnis. Immer bildet nämlich folgende Frage die Hauptschwierigkeit: „Wonach sollen wir suchen?" Wer bei einem Münzverbrecher Hausdurchsuchung hält, muß genau wissen, was für Werkzeuge, Maschinen, Säuren usw. man zu diesem Verbrechen verwendet oder verwenden kann, er muß einzelne Teile, übriggebliebene Reste, Trümmerstücke usw. als wesentlich zu erkennen vermögen, dann allein wird man nach einer erfolglos vorgenommenen derartigen Hausdurchsuchung behaupten können, daß sich der Verdächtigte der Mittel oder Werkzeuge entledigt hat, bzw. daß man ihm nichts nachweisen kann.

Wenn man, wie es schon vorkam, bei einem als Banknotenfälscher verdächtigten Individuum Wäschestricke findet, an denen eben aus dem chemischen Bade genommene falsche Noten hängen, oder eine Kupferdruckpresse mit einer Platte sieht, welche einen gestochenen Zwanzigkronenschein zeigt, dann kann wohl auch eine nichtgeschulte Persönlichkeit mit Sicherheit erklären: „Hier liegt der Schuldbeweis."

Wir wissen indessen, daß die Münzverbrecher entweder alle Werkzeuge und Mittel vor der Verausgabung vernichten oder in zerlegtem Zustande verbergen. Holzbestandteile kann man zersägen und verbrennen, man kann sie aber auch anderweitig verwenden. Steine und Platten kann man zerschlagen, aber man wirft die Trümmer vielleicht achtlos zum Hausunrat. Maschinenbestandteile lassen sich den verschiedensten Zwecken dienstbar machen. Jedenfalls lasse man einen lithographischen Stein niemals ununtersucht, denn ein Sachverständiger ist vielleicht imstande, aus dem sauber abgeschliffenen und polierten Stein die frühere Zeichnung durch chemische Behandlung wieder hervorzuzaubern. Es genügt oft bloß die Anwendung einer Säure oder eines mit Fett getränkten Lappens. Ist die Steinplatte lange benützt, also mit Farbe bestrichen worden, so haben sich zahlreiche Teile derselben derart in die Poren eingesogen, daß man sie nur anscheinend verschwinden zu machen vermag. Aus den zutage geförderten Farben wird man aber gar oft schließen können, ob die harmlose Verantwortung des Verdächtigen glaubwürdig ist oder nicht. Photographische Utensilien, benützte und scheinbar unbenützte Chemikalien, abgewaschene oder abgekratzte Platten, Säuren, Fixierbäder usw., all dies kann bei sachverständiger Besichtigung interessante Aufschlüsse geben. Man beachte sämtliche zur galvanoplastischen Behandlung notwendigen Apparate und Säuren, das Vorhandensein von Kupfervitriol, Anschlüsse an elektrische Leitungen, das Vorhandensein einer Dunkelkammer, den Besitz von Radiernadeln, Vergrößerungsgläsern, lithographischen, typographischen oder Kupferdruckpressen, Sticheln, Satinier- und Prägemaschinen, von Punzen, Stempeln, Asphaltstaub, Chromgelatine, Blattgold, Blattsilber, einer Kopierdrehbank, eines Strommessers, Spannungsmessers, einer Senkwage für die Dichtigkeit der Elektrolyten (bei der Galvanoplastik), von „Elementen", Akkumulatorenbatterien, eines Schmelzofens, Schmelztiegels, Gußlöffels, Blasebalgs, von Greifzangen, Schraubstöcken und Feilen, Zinn, Zink, Blei, Antimon, Gips, Formsand, Porzellanerde, Eßlöffeln aus Britanniametall, Stanzen usw. usw.

Bei den verschiedenen von uns besprochenen Verfahrensarten kommen so viele Stoffe, Werkzeuge, Maschinen usw. zur Anwendung, daß es unmöglich ist, sie alle aufzuzählen. Man muß die Verfahrensarten praktisch kennen, um zu wissen, ob irgendein vorgefundenes Objekt hiebei notwendig oder gebräuchlich ist. Es empfiehlt sich daher, solchen Hausdurchsuchungen Sachverständige zuzuziehen, die man insoferne leicht findet, als viele in industriellen Unternehmungen beschäftigte Arbeiter die nötige Erfahrung und Kenntnis besitzen.

Mit der Auffindung der zur betreffenden Herstellungsmethode unmittelbar benötigten Hilfsmittel ist es aber nicht abgetan. Es bedarf wieder des kriminalistischen Scharfblickes, um auf das Vorhandensein dieser Mittel aus anderen Gegenständen zu schließen. Dies geschieht durch deren genaue Besichtigung. Findet man z. B. zweifellos echtes Gold, so ist dieses darauf zu untersuchen, ob es nicht als Muster gedient hat. Bei der galvanoplastischen Behandlung, beim Guß, bei der Überstempelung werden nämlich an den Originalen vielfach Spuren durch Reste des Nachahmungsmetalles,

Gußmaterials oder der angewendeten Farben und Chemikalien hinterlassen. Oder man entdeckt Verstärkungen der Zeichnung auf Banknoten, um die photographische Abnahme zu erleichtern, Gipsreste in den Verzierungs- oder Buchstabenschlingen der als Muster in Verwendung gestandenen echten Münzen, oder auch auf solche Weise entstandene Beschädigungen der Originale; der Schmelzofen oder Schmelztiegel kann verdächtige Überreste enthalten, der Fußboden Metalltropfen, Farbflecken, Feilspähne zeigen; im Mülleimer liegen vielleicht noch entfernte Ab- oder Ausgüsse (Gußkegel), in einer Tischlade verdächtige Papierstücke usw.

Dabei ist aber auf die bürgerliche Beschäftigung des Verdächtigen Bedacht zu nehmen. Ist er z. B. ein Metallarbeiter, so wird man vielfach wieder einer sachverständigen Beihilfe bedürfen, um zu entscheiden, ob vorgefundene Metallstücke oder -abfälle einer bei der Falschmünzerei gebräuchlichen Legierung entsprechen. Besitzt man ein Falschstück, dessen Erzeugung man dem Durchsuchten zumutet, so wird man die Legierungen des Falsums und der vorgefundenen Metallabfälle genau vergleichen müssen.

Immer ist das gesamte vorgefundene Geld zu untersuchen, da das falsche gewöhnlich daruntergemischt wird. Hiebei achte man darauf, ob sich sämtliche Münzen oder Banknoten unter einem gemeinsamen Verschlusse befinden oder ob einzelne abgesondert aufbewahrt werden. Sind solche vorhanden und nicht zusammengefaltet, sondern noch vollständig glatt, so kann dies beim Vorliegen anderer Beweisumstände als Indiz dafür gelten, daß sie der Besitzer als Muster benützte.

FSC
www.fsc.org
MIX
Papier | Fördert
gute Waldnutzung
FSC® C083411

Kolibri 360 GmbH
Ferdinand-Jühlke-Straße 7
99095 Erfurt, Deutschland
produktsicherheit@kolibri360.de